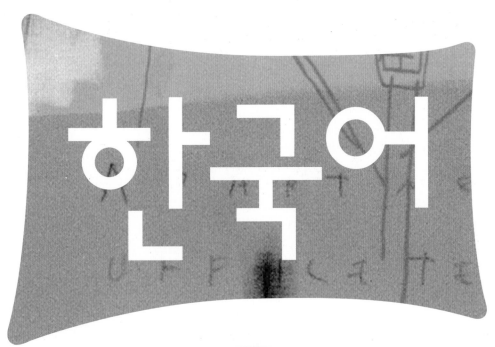

한국어

1

제이와이북스
www.JYbooks.com

제이와이 한국어

전 세계적으로 한글학교(한국학교)는 해외에서 성장하는 학생들이 한민족의 정체성을 유지할 수 있도록 한국어와 한국 문화 및 역사를 가르치는 일을 수행해 왔습니다. 또한, 이민 세대들의 연대의식과 유대감 고취를 위해 노력해 왔을 뿐만 아니라, 우리의 이민 세대들이 이중언어를 구사하고 세계시민으로서의 역량을 갖추도록 도왔습니다.

제이와이 한국어 시리즈는 한글학교 최일선에서 오랫동안 한국어를 가르쳐 온 교육자들이 현지 한글학교의 실정을 고려하여 애정을 갖고 개발한 교재입니다.

한국어 교육을 보다 체계적으로 할 수 있도록 기획되었으며, 국내 및 해외의 다양한 커리큘럼을 참조하여 다양한 현지 상황에 맞추려고 노력하였습니다. 또한 북미 지역 및 재외한글학교에서 한국어 교재를 사용하면서 아쉬웠던 부분들을 점검하고 연구하여, 어디에서든지 제2언어로서 한국어를 배우는 아이들이 쉽고 즐겁게 한국어를 배울 수 있도록 최선을 다하였습니다. 더욱이 국내 한국어과 교수들의 전문적인 감수를 통해 한층 완성도를 높였습니다.

제이와이 한국어 시리즈의 특징

1. 전 시리즈는 K단계부터 4단계까지 총 5단계로 개발되었으며, K단계는 K1과 K2 두 권으로 이루어져 있습니다.

2. 한글학교 교사들의 필요와 요구에 맞추어 개발되었습니다. 각 단계별로 한 학기에 15과, 1년에 30과를 배우도록 구성하였습니다. 또한 학교 실정에 따라 한 과당 1시간 또는 3시간으로 수업이 가능하도록 설계하였습니다.

3. 단계별로 다양한 방식을 제시하여 한국어 교육을 폭넓게 접근할 수 있도록 구성하였습니다.
    - K단계는 매 과마다 노래가 수록되어 한국어에 입문하는 학생들에게 효과적이며, Teacher's Note까지 제공되어 교사들이 편리하게 사용할 수 있도록 하였습니다.
    - 1단계는 낱말과 문형을 익힐 수 있는 노래와 챈트, 2단계는 본문 듣기와 챈트를 실어서 아이들이 재미있게 한국어를 배우도록 하였습니다.
    - 3, 4단계는 다양한 유형의 대화문을 제시하여 아이들이 말하기 연습을 할 수 있도록 구성하였고, 어휘력을 높이기 위해서 한자어를 소개하였습니다.

4. 제2언어로서 한국어를 배우는 학습자들의 이해를 돕기 위해 한국어와 함께 영어로도 지시문을 제시하였습니다. 또한 한국의 문화나 역사를 각 단계별 눈높이에 맞춰 제시함으로써, 한국 문화를 이해하고 이를 바탕으로 한국어 학습도 함께 이루어질 수 있도록 하였습니다.

5. 단계별로 학습자들의 흥미를 끌 수 있도록 그림에 정성을 쏟았으며, 자라나는 아이들처럼 성장해 가는 캐릭터의 모습을 단계별로 구현하여 학습자들이 친근감을 느낄 수 있게 하였습니다.

1 단계의 특징

1. 상황과 주제
인사예절, 가족, 집, 학교, 동물원, 놀이터, 음식 등 학생들에게 친숙한 실생활 주제를 바탕으로 일상생활에서 접할 수 있는 쉽고 간단한 낱말과 표현들을 습득할 수 있도록 하였습니다. 또한 본문 내용에 맞는 재미있는 삽화를 통해 학생들의 이해와 흥미를 높였습니다.

2. 노래와 챈트
귀에 익숙하고 따라 부르기 쉬운 멜로디를 활용한 15곡의 노래와 30개의 챈트를 제시하였습니다. 노래를 부르고 챈트를 따라 하면서 본문의 낱말과 문법 및 문형을 자연스럽게 익힐 수 있도록 하였습니다.

3. 낱말 복습과 연습문제
매 과마다 구성되어 학생들이 학습한 낱말을 충분히 복습할 수 있도록 하였습니다. 또한 학습한 내용을 한꺼번에 재확인 할 수 있는 다양한 연습문제도 추가하였습니다.

4. 한국 문화
매 4과마다 구성된 한국 문화에서는 대한민국 문화체육관광부에서 선정한 '100대 민족문화상징' 중에서 '무궁화', '한복', '서당', '씨름', '한글(훈민정음)', '측우기'를 소개하고, 전래동화 '흥부와 놀부'도 포함시켜 문화를 통해 한국을 알고 한국 문화와 친숙해지도록 하였습니다. 영문으로 설명되어 있어서 부모님들과 함께 공부할 수 있으며, 함께 활용할 수 있는 연습내용도 제시하였습니다.

5. 부록
본문의 영어 번역을 제공하여 비한국어권 부모님들도 가정에서 자녀들을 지도할 수 있도록 하였으며, 각 과에 소개된 낱말을 손쉽게 확인할 수 있는 낱말 목록도 수록하였습니다.

6. 각 과별 학습내용
- **듣고 말하기**
  짝 활동이나 제시된 그림을 보면서 새로 나온 낱말과 문형을 말하도록 구성하였습니다. 문장을 듣거나 읽고 대화 내용을 이어가거나, 그림을 보고 상황을 설명할 수 있도록 하였습니다.

- **읽고 쓰기**
  문장을 읽고 질문에 맞는 답 쓰기, 그림을 보고 문장 완성하기, 또는 낱말 및 문장 따라 쓰기를 통해 읽고 쓰는 연습이 충분히 될 수 있도록 구성하였습니다.

- **복습하기**
  매 과에는 다양한 연습문제를 통해 낱말 연습을 할 수 있는 활동지가 추가되었으며, 2과부터 매 4과마다 학습한 내용을 확인할 수 있는 복습 페이지가 강화되어 학습한 내용을 충분히 복습하도록 하였습니다.

- **노래 부르기, 챈트 따라 하기**
  노래를 부르고 챈트를 따라 하면서 자연스럽게 낱말과 문형을 익힐 수 있도록 하였습니다.

차례 Contents

스팟
Spot

흰둥이
Hindungi

브랜든
Branden

수지
Suji

재윤
Jaeyun

은서
Eunseo

클로이
Chloe

진영
Jinyeong

구성 Table of Contents

안녕하세요?
저는 김수지예요.
한국 사람이에요. 학생이에요.

안녕하세요?
저는 브랜든이에요.
미국 사람이에요. 학생이에요.
만나서 반가워요.

낱말 Words

안녕하세요
hello

미국 사람
American

선생님
teacher

이름
name

학생
student

한국 사람
Korean

그림을 보고 알맞은 글자를 색칠하세요.
Look at the pictures and color the correct syllables to make words.

1.  학 악 생 쟁

2.  한 글 국 사 랑 람

3.  선 전 생 남 님

4.  미 국 북 사 자 람

낱말을 읽고 쓰세요.
Read the words and write them.

안 녕 하 세 요

이 름

한 국　사 람

학 생

 그림에 맞는 낱말을 골라 연결하세요.
Draw a line to match the picture with the word.

1.

안녕하세요

선생님

한국 사람

미국 사람

3.

2.

4.

그림에 맞는 문장을 골라 연결하세요.
Draw a line to match the picture with the sentence.

1.

안녕히 계세요,
선생님.

2.

안녕,
브랜든?

3.

안녕하세요,
선생님?

4.

안녕히 가세요,
선생님.

～예요/이에요

저는 수지예요. I am Suji.

If the noun ends with a vowel, use ～예요.

저는 브랜든이에요. I am Branden.

If the noun ends with a consonant, use ～이에요.

～예요/이에요 is a descriptive particle meaning 'to be'.

알맞은 낱말에 동그라미를 하고 문장을 읽으세요.
Complete the sentences using '～예요/이에요' and read the sentences aloud.

1.

아버지(예요 / 이에요).

2.

선생님(예요 / 이에요).

3.

한국 사람(예요 / 이에요).

4.

어머니(예요 / 이에요).

큰 소리로 문장을 읽고 연습하세요.
Read the sentences aloud and do a role-play.

1.

 안녕?

 안녕?

2.

 안녕하세요, 선생님?

 안녕, 브랜든?

3.

 잘 가.

  안녕히 가세요.

1.

| 안 | 녕 | 하 | 세 | 요 | ? |

| 안 | 녕 | 하 | 세 | 요 | ? |

2.

| 만 | 나 | 서 | | 반 | 가 | 워 | 요 | . |

| | | | | | | | | |

3.

| 한 | 국 | | 사 | 람 | 이 | 에 | 요 | . |

| | | | | | | | | |

4.

| 안 | 녕 | 히 | | 계 | 세 | 요 | . |

| | | | | | | | |

노래를 듣고 신나게 따라 부르세요.
Let's sing a song.

안녕하세요?

안녕안녕 하세요?　　김수지　　예 – 요

안녕안녕 하세요?　　브랜든　　이 에 요

한국 사람　이 에 요　　학생　이 에 요

미국 사람　이 에 요　　학생　이 에 요

Teacher's Note

① 학생들이 배운 낱말과 문장을 노래로 불러 보며 반복 학습이 되도록 해 주세요.
(동요 〈Mary Had a Little Lamb〉의 멜로디로 만들어진 노래입니다.)
② 학생들의 이름이나 친구의 이름으로 낱말을 바꿔 보며 노래를 부르세요.

수지는 한국 사람이에요.

태극기는 한국 국기예요.

브랜든은 미국 사람이에요.

성조기는 미국 국기예요.

우리는 친구예요.

스팟은 강아지예요.

낱말 Words

강아지
puppy

동물
animal

성조기
The Star-Spangled Banner
(The American flag)

친구
friend

태극기
Taegeukgi(The Korean flag)

호랑이
tiger

 제시된 낱말을 보고 알맞은 그림을 찾아 동그라미 하세요.
Look at the picture and circle the correct picture for each word.

보 기

강아지　　태극기　　성조기　　호랑이　　친구

태	극	기

성	조	기

호	랑	이

강	아	지

✏️ **그림에 맞는 낱말을 찾아 동그라미 하세요.**
Find the words for the pictures and circle them.

보 기

친구

호랑이

강아지

태극기

천	강	아	지	생	각	극
두	진	당	호	친	동	장
기	구	극	태	구	장	만
행	족	친	진	추	학	태
생	호	랑	이	호	두	태
만	장	구	티	우	교	극
거	찬	강	지	구	진	기

그림에 맞는 문장을 골라 연결하세요.
Draw a line to match the picture with the sentence.

1.

수지는
한국 사람이에요.

2.

태극기는
한국 국기예요.

3.

우리는
친구예요.

4.

브랜든은
미국 사람이에요.

~은/는

브랜든은 미국 사람이에요.	태극기는 한국 국기예요.
Branden is American.	Taegeukgi is the national flag of Korea.
~은 is attached to nouns that end with a consonant.	~는 is attached to nouns that end with a vowel.

~은/는 is placed after a noun that the speaker wants to explain.

 알맞은 '~은/는'에 동그라미를 하고 문장을 읽으세요.
Complete the sentences using '~은/는' and read the sentences aloud.

1.  수지(은 /○는) 학생이에요.

2.  스팟(은 / 는) 강아지예요.

3.  브랜든(은 / 는) 미국 사람이에요.

4.  호랑이(은 / 는) 동물이에요.

5.  은서(은 / 는) 한국 사람이에요.

큰 소리로 문장을 읽고 연습하세요.
Read the sentences aloud and do a role-play.

1.

 저는 한국 사람이에요.

 저는 미국 사람이에요.

2.

 성조기는 미국 국기예요.

 태극기는 한국 국기예요.

3.

 호랑이는 동물이에요.

 스팟은 강아지예요.

21

1.

수	지	는		한	국		사	람	이	에	요	.
수	지	는		한	국		사	람	이	에	요	.

2.

우	리	는		친	구	예	요	.

3.

브	랜	든	은		미	국		사	람	이	에	요	.

4.

스	팟	은		강	아	지	예	요	.

몇 개의 낱말을 알고 있나요? 아는 낱말에 ☑표시하고 읽으세요.
How many words do you know? Check if you know the words and read them aloud.

1.
☐ 안녕하세요

2.
☐ 한국 사람

3.
☐ 미국 사람

4.
☐ 학생

5.
☐ 태극기

6.
☐ 성조기

7.
☐ 친구

8.
☐ 강아지

 알맞은 낱말에 동그라미를 하고 문장을 읽으세요.
Circle the correct words and read the sentences aloud.

안녕하세요? 저는 김수지(예요 / 이에요).
저는 한국 사람(예요 / 이에요).

수지(은 / 는) 한국 사람이에요.
브랜든(은 / 는) 미국 사람이에요.
우리(은 / 는) 친구예요.

누구예요?
우리 할아버지, 할머니, 아빠,
엄마하고 언니예요.

누구예요?
우리 형하고 여동생이에요.

누구예요?
우리 누나하고 삼촌이에요.

낱말 Words

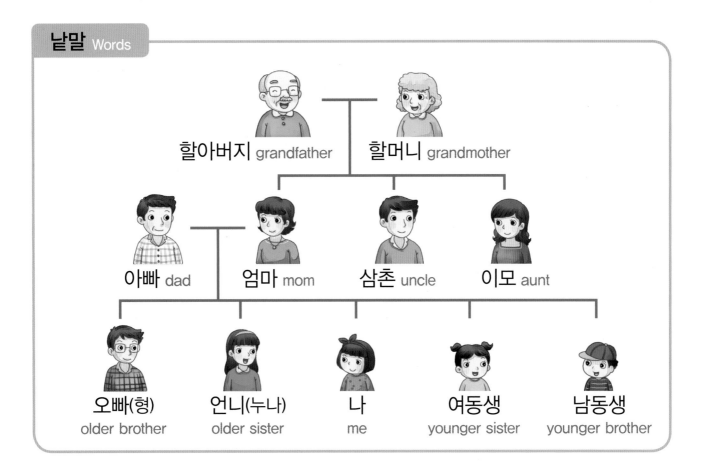

할아버지 grandfather	할머니 grandmother

아빠 dad　엄마 mom　삼촌 uncle　이모 aunt

오빠(형)
older brother

언니(누나)
older sister

나
me

여동생
younger sister

남동생
younger brother

 낱말에 맞는 그림을 골라 동그라미 하세요.
Circle the correct picture for each word.

1. 할아버지				
2. 엄마				
3. 누나				
4. 남동생				

25

 낱말을 읽고 쓰세요.
Read the words and write them.

| 할 | 머 | 니 |

| 엄 | 마 |

| 오 | 빠 |

| 이 | 모 |

| 삼 | 촌 |

 〈보기〉의 낱말을 그림에서 골라 동그라미 하세요.
Look at the words and circle the correct pictures.

보 기   할아버지   엄마   언니   남동생   아빠

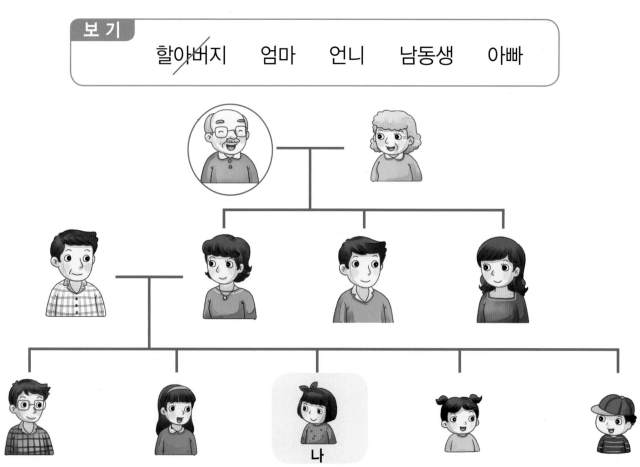

나

그림에 맞는 문장을 골라 연결하세요.
Draw a line to match the picture with the sentence.

1.

우리 언니하고
오빠예요.

2.

우리 할아버지하고
할머니예요.

3.

우리 아빠하고
엄마예요.

4.

우리 여동생하고
남동생이에요.

누구예요?

누구예요?
Who is this?/Who are they?

누구예요 is used when you ask who a person is.

~하고

우리 언니하고 여동생이에요.
This is my older sister and my younger sister.

~하고 means 'and'. It joins two or more nouns on an equal basis.

 그림을 보고 알맞은 문장을 고르세요.
Look at the pictures and choose the correct sentences.

1.  누구예요?
   ○ 아빠하고 여동생이에요.
   ✓ 아빠하고 오빠예요.

2.  누구예요?
   ○ 할머니하고 언니예요.
   ○ 할아버지하고 할머니예요.

3.  누구예요?
   ○ 아빠하고 여동생이에요.
   ○ 할아버지하고 여동생이에요.

4.  누구예요?
   ○ 엄마하고 남동생이에요.
   ○ 엄마하고 이모예요.

큰 소리로 문장을 읽고 연습하세요.
Read the sentences aloud and do a role-play.

1.

 누구예요?

 우리 아빠하고 엄마예요.

2.

 누구예요?

 우리 삼촌하고 누나예요.

3.

 누구예요?

 우리 여동생하고 남동생이에요.

1.

누	구	예	요	?
누	구	예	요	?

2.

우	리		엄	마	하	고		이	모	예	요	.
우	리		엄	마	하	고		이	모	예	요	.

3.

우	리		아	빠	하	고		삼	촌	이	에	요	.

4.

우	리		오	빠	하	고		언	니	예	요	.

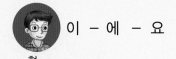 노래를 듣고 신나게 따라 부르세요.
Let's sing a song.

누구예요?

누 구 예 요? 누 구 예 요? 예 요   예 - 요
엄마   아빠

누 구 예 요? 누 구 예 요? 예 요   이 에 요
이모   삼촌

우 리 [가족] 이 에 요 우 리 [가족] 이 에 요 우 리 [가족]   사 랑 해 요

형 - 이 - 에 - 요   누나 - 예 - 요   남 - 동생 이 - 에 요

Teacher's Note

① 학생들이 배운 낱말과 문장을 노래로 불러 보며 반복 학습이 되도록 해 주세요.
　(동요 〈Are You Sleeping?〉의 멜로디로 만들어진 노래입니다.)
② 학생들에게 가족 구성원을 물어 보고 낱말을 바꿔 보며 노래를 부르세요.

4 이것은 책상이에요
This Is a Desk

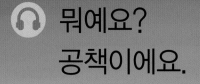

🎧 뭐예요?
공책이에요.

이것은 뭐예요?
이것은 책상이에요.

저것은 뭐예요?
저것은 칠판이에요.

낱말 Words

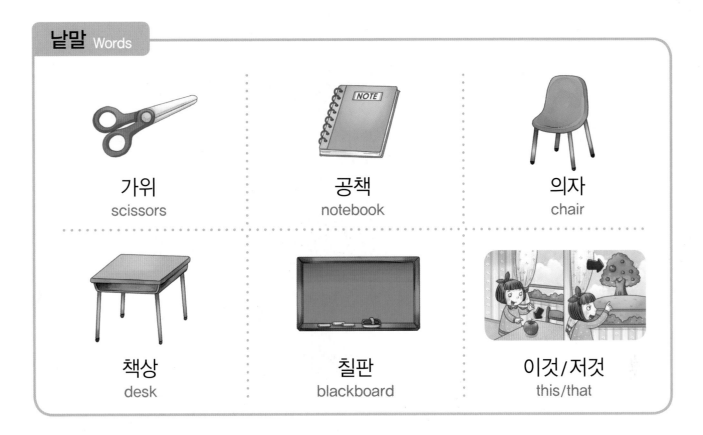

가위
scissors

공책
notebook

의자
chair

책상
desk

칠판
blackboard

이것/저것
this/that

 제시된 낱말을 보고 알맞은 그림을 찾아 동그라미 하세요.
Look at the picture and circle the correct picture for each word.

보 기

| 가위 | 칠판 | 가방 | 공책 | 의자 |

낱말을 읽고 쓰세요.
Read the words and write them.

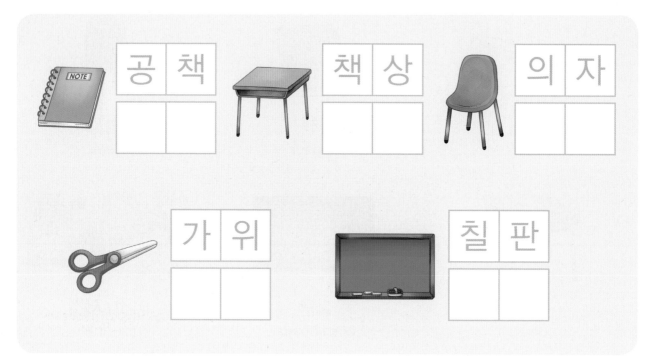

공 책

책 상

의 자

가 위

칠 판

 그림을 보고 알맞은 낱말을 고르세요.
Look at the pictures and choose the correct words.

1.

◯ 가위   ✓ 칠판

2.

◯ 의자   ◯ 책상

3.

◯ 가위   ◯ 공책

4.

◯ 칠판   ◯ 책상

34

그림에 맞는 문장을 골라 연결하세요.
Draw a line to match the picture with the sentence.

1.

공책이에요.

2.

가위예요.

3.

책상이에요.

4.

가방이에요.

뭐예요?	이것/저것은 ~예요/이에요
이것은 뭐예요? What is this? 저것은 뭐예요? What is that? 뭐예요 is used when you ask what this/that thing is.	이것은 의자예요. This is a chair. 저것은 **책상**이에요. That is a desk. 이것은 indicates that something is near the speaker, and 저것은 something is far away from the speaker.

 알맞은 낱말에 동그라미를 하고 문장을 읽으세요.
Circle the correct words and read the sentences aloud.

1.

   뭐예요?

   ((이것) / 저것)은 가방이에요.

2.

   저것은 뭐예요?

   (이것 / 저것)은 칠판이에요.

3.

   저것은 뭐예요?

   (이것 / 저것)은 태극기예요.

4.

   이것은 뭐예요?

   (이것 / 저것)은 의자예요.

큰 소리로 문장을 읽고 연습하세요.
Read the sentences aloud and do a role-play.

1.

이	것	은		뭐	예	요	?
이	것	은		뭐	예	요	?

2.

이	것	은		가	위	예	요	.

3.

저	것	은		뭐	예	요	?

4.

저	것	은		칠	판	이	에	요	.

무궁화 Mugunghwa

Mugunghwa(무궁화) is the national flower of Korea. Mugunghwa means the flower that never withers. The Mugunghwa blooms beautifully and it has many colors such as white, pink, red and violet. The Mugunghwa flower represents the spirit and the will of Koreans. Despite wars and occupation, the Korean culture and people have persevered and endured.

[사진제공_한국관광공사]

 무궁화를 예쁘게 색칠하세요.
Color the Mugunghwa flowers neatly.

🎧 책이에요?
네, 책이에요.

연필이에요?
아니요, 연필이 아니에요.
지우개예요.

사과예요?
아니요, 사과가 아니에요.
바나나예요.

40

낱말 Words

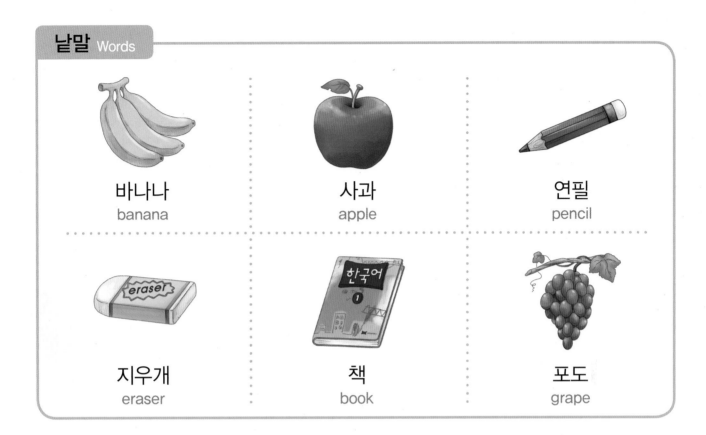

바나나
banana

사과
apple

연필
pencil

지우개
eraser

책
book

포도
grape

 그림에 맞는 낱말을 골라 연결하세요.
Draw a line to match the picture with the word.

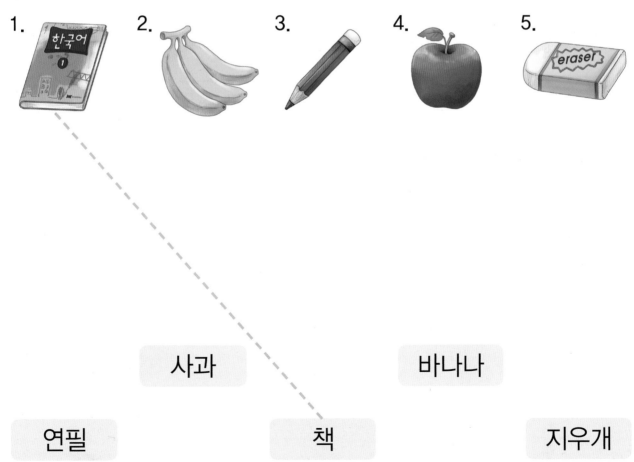

1.

2.

3.

4.

5.

사과

바나나

연필

책

지우개

낱말을 읽고 쓰세요.
Read the words and write them.

책

연	필

사	과

지	우	개

포	도

 그림에 맞는 낱말을 〈보기〉에서 골라 쓰세요.
Look at the pictures and write the correct words.

> **보 기**
>
> 바나나   연필   지우개   포도

1.

바	나	나

2.

3.

4.

그림을 보고 알맞은 문장을 고르세요.
Look at the pictures and choose the correct sentences.

1.

✓ 네, 책이에요.

◯ 아니요, 책이 아니에요.

2.

네, 가위예요.

◯ 네, 가위예요.

◯ 아니요, 가위가 아니에요.

3.

사과예요?

◯ 네, 사과예요.

◯ 아니요, 사과가 아니에요.

4.

지우개예요?

◯ 네, 지우개예요.

◯ 아니요, 지우개가 아니에요.

~이/가 아니에요

책이에요? Is this a book?
아니요, 책이 아니에요.
No, this is not a book.

When the preceding noun ends in a consonant, ~이 is used.

사과예요? Is this an apple?
아니요, 사과가 아니에요.
No, this is not an apple.

When the preceding noun ends in a vowel, ~가 is used.

~이/가 아니에요 is the negation of ~예요/이에요.

알맞은 낱말에 동그라미를 하고 문장을 읽으세요.
Complete the sentences using '~이/가' and read the sentences aloud.

1.

가위예요?

아니요, 가위(이 /(가)) 아니에요.

2.

포도예요?

아니요, 포도(이 / 가) 아니에요.

3.

책이에요?

아니요, 책(이 / 가) 아니에요.

4.

책상이에요?

아니요, 책상(이 / 가) 아니에요.

큰 소리로 문장을 읽고 연습하세요.
Read the sentences aloud and do a role-play.

1.

 사과예요?

 아니요, 사과가 아니에요.
포도예요.

2.

 의자예요?

 아니요, 의자가 아니에요.
책상이에요.

3.

 책이에요?

 아니요, 책이 아니에요.
연필이에요.

문장을 읽고 쓰세요.
Read the sentences and write them.

1.

| 책 | 이 | 에 | 요 | ? |

| 책 | 이 | 에 | 요 | ? |

| 아 | 니 | 요 | , | 책 | 이 | | 아 | 니 | 에 | 요 | . |

| 아 | 니 | 요 | , | 책 | 이 | | 아 | 니 | 에 | 요 | . |

| 공 | 책 | 이 | 에 | 요 | . |

| 공 | 책 | 이 | 에 | 요 | . |

2.

| 포 | 도 | 예 | 요 | ? |

| | | | | |

| 아 | 니 | 요 | , | 포 | 도 | 가 | | 아 | 니 | 에 | 요 | . |

| | | | | | | | | | | | | |

| 바 | 나 | 나 | 예 | 요 | . |

| | | | | | |

노래를 듣고 신나게 따라 부르세요.
Let's sing a song.

뭐예요? 책이에요?

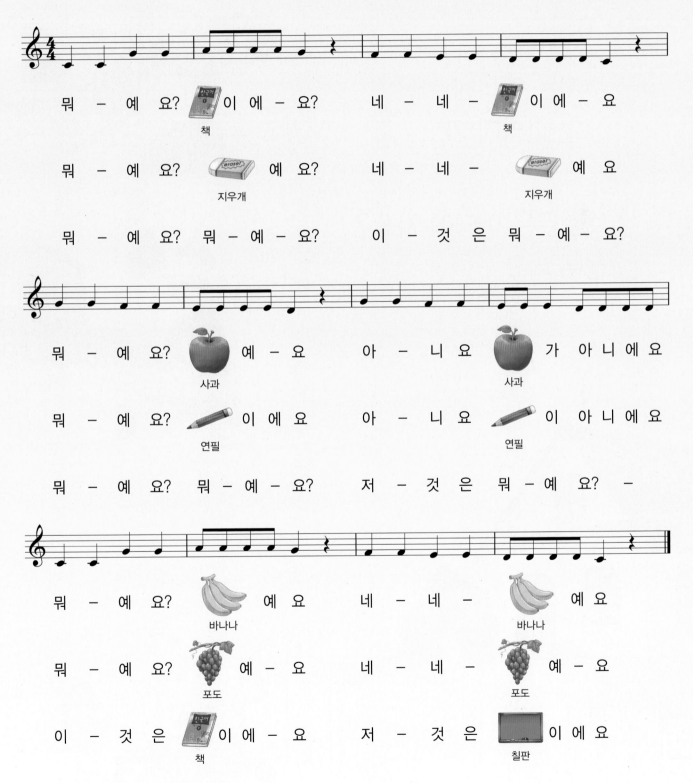

뭐 – 예 요? 책 이 에 – 요? 네 – 네 – 책 이 에 – 요

뭐 – 예 요? 지우개 예 요? 네 – 네 – 지우개 예 요

뭐 – 예 요? 뭐 – 예 – 요? 이 – 것 은 뭐 – 예 – 요?

뭐 – 예 요? 사과 예 – 요 아 – 니 요 사과 가 아 니 에 요

뭐 – 예 요? 연필 이 에 요 아 – 니 요 연필 이 아 니 에 요

뭐 – 예 요? 뭐 – 예 – 요? 저 – 것 은 뭐 – 예 요? –

뭐 – 예 요? 바나나 예 요 네 – 네 – 바나나 예 요

뭐 – 예 요? 포도 예 – 요 네 – 네 – 포도 예 – 요

이 – 것 은 책 이 에 – 요 저 – 것 은 칠판 이 에 요

Teacher's Note
① 학생들이 배운 낱말과 문장을 노래로 불러 보며 반복 학습이 되도록 해 주세요.
   (동요 〈Twinkle Twinkle Little Star〉의 멜로디로 만들어진 노래입니다.)
② 아이들이 좋아하는 과일이나 학교에서 볼 수 있는 다양한 사물의 이름으로 낱말을 넣어서 노래를 부르세요.

🎧 은서는 어디에 가요?
학교에 가요.

수지는 어디에 가요?
생일 파티에 가요.

브랜든은 어디에 가요?
집에 가요.

낱말 Words

교실
classroom

생일 파티
birthday party

식당
restaurant

운동장
school yard

집
home

체육관
gymnasium

학교
school

가요(가다)
to go

 그림에 맞는 낱말을 골라 연결하세요.
Draw a line to match the picture with the word.

1.

2.

3.

4.

체육관

교실

운동장

생일 파티

 낱말을 읽고 쓰세요.
Read the words and write them.

학	교

교	실

가	요

체	육	관

식	당

집

 그림에 맞는 낱말을 찾아 동그라미 하세요.
Find the words for the pictures and circle them.

보기

학교

식당

체육관

운동장

천	집	식	두	생	각	극
두	진	당	호	운	동	장
기	구	극	태	두	당	만
행	족	친	진	추	학	지
체	육	관	티	호	교	유
지	친	파	진	천	극	집

그림에 맞는 문장을 〈보기〉에서 골라 번호를 쓰세요.
Look at the pictures and write the correct numbers.

보 기

① 브랜든은 운동장에 가요.　② 수지는 생일 파티에 가요.

③ 은서는 식당에 가요.　④ 스팟은 집에 가요.

1. 어디에 가요?

2

2. 어디에 가요?

3. 어디에 가요?

4. 어디에 가요?

어디에 가요?	~에 가요
브랜든은 어디에 가요? Where is Branden going? 어디에 가요? is used when you ask someone where he/she is going.	브랜든은 학교에 가요. Branden is going to school. ~에 가요 is written after the place the person is going.

 그림을 보고 문장을 완성하세요.
Look at the pictures and complete the sentences.

1.

은서는 교실 에 가 요 .

2.

스팟은 집 ☐ ☐ .

3.

엄마는 식당 ☐ ☐ .

4.

진영이는 체육관 ☐ ☐ .

큰 소리로 문장을 읽고 연습하세요.
Read the sentences aloud and do a role-play.

1.

2.

3.

4.

1.

어	디	에		가	요	?
어	디	에		가	요	?

2.

생	일		파	티	에		가	요	.

3.

식	당	에		가	요	.

4.

체	육	관	에		가	요	.

몇 개의 낱말을 알고 있나요? 아는 낱말에 ☑표시하고 읽으세요.
How many words do you know? Check if you know the words and read them aloud.

1.

☐ 할아버지/할머니

2.

☐ 아빠/엄마

3.

☐ 여동생/남동생

4.

☐ 가족

5.

☐ 책상

6.

☐ 사과

7.

☐ 학교

8.

☐ 생일 파티

 알맞은 낱말에 동그라미를 하고 문장을 읽으세요.
Circle the correct words and read the sentences aloud.

누구예요?

우리 아빠(하고 / 고)
엄마예요.

저것은 뭐예요?

(이것 / 저것)은
태극기예요.

사과예요?
아니요, 사과(이 / 가)
아니에요. 바나나예요.

어디에 가요?

수지(은 / 는)
생일 파티(에 / 게) 가요.

침대가 어디에 있어요?
방에 있어요.

텔레비전이 어디에 있어요?
거실에 있어요.

식탁이 어디에 있어요?
부엌에 있어요.

흰둥이가 어디에 있어요?
마당에 있어요.

낱말 Words

거실
living room

거울
mirror

마당
yard

방
room

부엌
kitchen

식탁
table

침대
bed

텔레비전
television

 그림을 보고 알맞은 글자를 색칠하세요.
Look at the pictures and color the correct syllables to make words.

1.

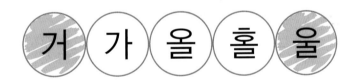

거 가 올 홀 울

2.

식 직 톡 탁 턱

3.

무 부 업 엌 억

4.

마 바 파 탕 당

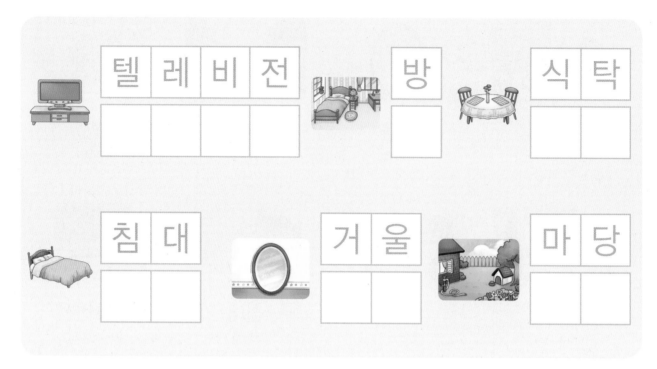

텔	레	비	전		방		식	탁

침	대		거	울		마	당

 알맞은 글자를 연결하고 낱말을 쓰세요.
Draw a line to connect the correct syllables and write the words.

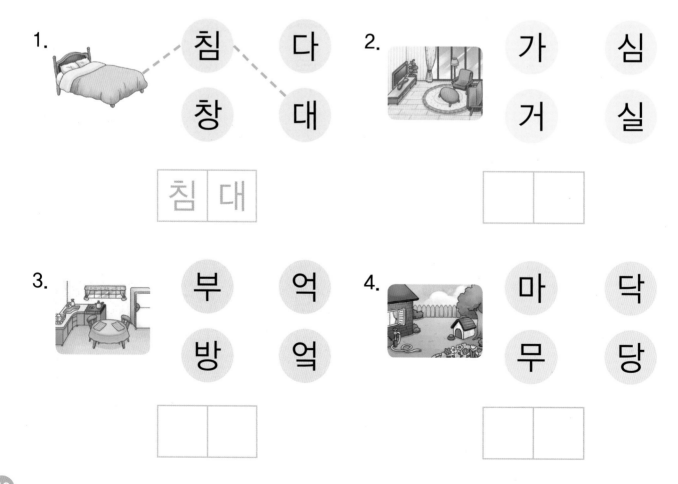

1.

침 — 다
창 — 대

침	대

2.

가   심
거   실

3.

부   억
방   억

4.

마   닥
무   당

그림에 맞는 문장을 골라 연결하세요.
Draw a line to match the picture with the sentence.

1.

텔레비전은
거실에 있어요.

2.

침대는
방에 있어요.

3.

흰둥이는
마당에 있어요.

4.

식탁은
부엌에 있어요.

~이/가 어디에 있어요?	~은/는 ~에 있어요
브랜든이 어디에 있어요? Where is Branden? 어디에 있어요? means 'Where is it?' in English and 있어요 means 'to be' or 'to exist'.	브랜든은 거실에 있어요. Branden is in the living room. ~은/는 ~에 있어요 means ~은/는 is in(at/on) the place(location).

 그림을 보고 문장을 완성하세요.
Look at the pictures and complete the sentences.

1.
부엌

냉장고가 어디에 있어요?

냉장고는 | 부 | 엌 | 에 | 있어요.

2.
거실

텔레비전이 어디에 있어요?

텔레비전은 [ ][ ][ ] 있어요.

3.
방

거울이 어디에 있어요?

거울은 [ ][ ] 있어요.

4.
마당

흰둥이가 어디에 있어요?

흰둥이는 [ ][ ][ ] 있어요.

큰 소리로 문장을 읽고 연습하세요.
Read the sentences aloud and do a role-play.

1.

침대가 어디에 있어요?

침대는 방에 있어요.

2.

식탁이 어디에 있어요?

식탁은 부엌에 있어요.

3.

텔레비전이 어디에 있어요?

텔레비전은 거실에 있어요.

61

문장을 읽고 쓰세요.
Read the sentences and write them.

1.

침	대	가		어	디	에		있	어	요	?
침	대	가		어	디	에		있	어	요	?

침	대	는		방	에		있	어	요	.
침	대	는		방	에		있	어	요	.

2.

식	탁	이		어	디	에		있	어	요	?

식	탁	은		부	엌	에		있	어	요	.

노래를 듣고 신나게 따라 부르세요.
Let's sing a song.

어디에 있어요?

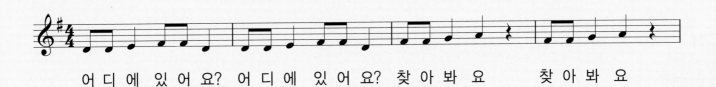

어디에 있어요? 어디에 있어요? 찾아봐요　찾아봐요

이　에　가　에 있어요　있어요

식 – 탁　부엌　흰둥이　마당

가　에　가　에 있어요　있어요

소 – 파　거실　침대 –　방 –

Teacher's Note

① 학생들이 배운 낱말과 문장을 노래로 불러 보며 반복 학습이 되도록 해 주세요.
　(동요 〈Are You Sleeping?〉의 멜로디로 만들어진 노래입니다.)
② 다른 장소와 그 장소에서 볼 수 있는 다양한 사물의 이름으로 낱말을 바꿔 보며 노래를 부르세요.

8 스팟은 탁자 아래에 있어요
Spot Is under the Table

진영이는 문 앞에 있어요.
클로이는 소파 뒤에 있어요.

흰둥이는 소파 위에 있어요.
스팟은 탁자 아래에 있어요.

공은 바구니 안에 있어요.
곰 인형은 바구니 옆에 있어요.

낱말 Words

곰 인형 teddy bear	**공** ball	**문** door	**바구니** basket	**소파** sofa

탁자 table	**안/밖** in/out	**앞/뒤** front/behind	**옆** side, next	**위/아래** on, above/under, beneath

 ### 그림에 맞는 낱말을 골라 연결하세요.
Draw a line to match the picture with the word.

      (door image)

곰 인형   탁자   문   바구니   공   소파

   (ball image)

소 파

문

바 구 니

탁 자

공

곰 인 형

그림을 보고 알맞은 낱말을 고르세요.
Look at the pictures and choose the correct words.

1.

☑ 바구니
○ 탁자

2.

○ 바구니 밖에 공
○ 바구니 안에 공

3.

○ 곰 인형
○ 탁자

4.

○ 탁자 위에 곰 인형
○ 탁자 아래에 곰 인형

공이 어디 있어요? 그림에 맞는 문장을 골라 동그라미 하세요.
Where is a ball? Circle the correct word for each picture.

1.

탁자 (위에 / 아래에) 있어요.

2.

소파 (앞에 / 뒤에) 있어요.

3.

바구니 (밖에 / 안에) 있어요.

4.

문 (안에 / 밖에) 있어요.

5.

책상 (옆에 / 아래에) 있어요.

6.

의자 (아래에 / 위에) 있어요.

～은/는 ～앞/뒤/위/아래/안/밖/옆에 있어요

스팟은 어디에 있어요? Where is Spot?

스팟은 의자 아래에 있어요. Spot is under the chair.

A phrase consisting of a preposition of place with the particle에,
such as under the chair, usually comes after the subject.

 그림을 보고 알맞은 낱말을 색칠하세요.
Look at the pictures and color the correct words.

1.  진영이는 소파 **위** / 아래 에 있어요.

2. 수지는 탁자 뒤 / 옆 에 있어요.

3. 스팟은 바구니 안 / 밖 에 있어요.

4.  클로이는 문 위 / 앞 에 있어요.

친구는 어디 있어요? 그림을 보고 질문에 답하세요.
Where is your friend? Look at the pictures and answer the following questions.

브랜든은
어디에 있어요?

브랜든은
은서 뒤에 있어요.

1. 재윤이는 어디에 있어요?

2. 진영이는 어디에 있어요?

3. 클로이는 어디에 있어요?

4. 은서는 어디에 있어요?

문장을 읽고 쓰세요.
Read the sentences and write them.

1.

어	디	에		있	어	요	?

어	디	에		있	어	요	?

2.

공	은		바	구	니		안	에		있	어	요	.

3.

스	팟	은		탁	자		아	래	에		있	어	요	.

4.

곰		인	형	은		소	파		앞	에		있	어	요	.

한글의 특징 Characteristics of Hangeul

Hangeul(한글) was invented by King Sejong the Great(세종대왕) of Joseon(조선) and his scholars in 1443. Hangeul was not influenced by other countries' alphabet systems, and was invented originally by taking the shape of the vocal organs as well as the shape of heaven, earth, and humankind. The

Hangeul is based on a systematic and scientific principle, and you can produce an almost limitless number of characters by combining the five basic consonants of ㄱ, ㄴ, ㅁ, ㅅ, and ㅇ and the three basic vowels of ·, ㅡ, and ㅣ.

 자음을 순서대로 연결하여 그림을 완성하세요.
Draw a line in order of consonants to complete the picture.

낱말 Words

숫자
number

전화번호
phone number

1 일 one	2 이 two	3 삼 three	4 사 four	5 오 five
6 육 six	7 칠 seven	8 팔 eight	9 구 nine	10 십 ten
11 십일 eleven	12 십이 twelve	13 십삼 thirteen	14 십사 fourteen	15 십오 fifteen
16 십육 sixteen	17 십칠 seventeen	18 십팔 eighteen	19 십구 nineteen	20 이십 twenty

100 백 a hundred

1000 천 a thousand

말해요(말하다)
to speak

〈보기〉를 보고 제시된 그림을 찾아 알맞은 숫자를 쓰세요.
Look at the pictures and write how many of each thing there are.

보기

(공) ____4____   (강아지) _____   (사과) _____   (가방) _____

 낱말을 읽고 쓰세요.
Read the words and write them.

숫자

말 해 요

1000 천

전 화 번 호

 숫자에 맞는 낱말을 골라 색칠하세요.
Look at the numbers and color the correct words.

1.
1
일 이 삼

2.
3
이 삼 오

3.
4
일 삼 사

4.
7
오 육 칠

5.
8
칠 팔 십

6.
10
십 구 팔

1부터 20까지 숫자를 연결하고 알맞은 낱말을 쓰세요.
Follow the numbers from 1 to 20 and write the correct words.

시작!

이 2 ← 1 일

삼 3

사 4

5

육 6

7

팔 8

구 9

10

십 일 11

12

13 십 삼

14 십 사

15

16 십 육

17 십 칠

18 십 팔

19

20 이 십

75

숫자 읽기 1

0 공 zero **1** 일 one **2** 이 two **3** 삼 three **4** 사 four **5** 오 five **6** 육 six **7** 칠 seven **8** 팔 eight **9** 구 nine **10** 십 ten

전화번호가 뭐예요?
What is your phone number?

784-377-5892 예요 / 이에요.
It's 784-377-5892.

When the number 0 is part of a telephone number we say 'gong' instead of 'young'.

Sino-Korean numbers are used for counting dates, months, and phone numbers.

 그림을 보고 알맞은 낱말을 쓰세요.
Look at the pictures and write the correct words.

1. **Bakery**
   784-112
   -1515

칠	팔	사	-	일	일	이

-	일	오	일	오

2. **The Camera Shop**
   784-313
   -1234

칠		사	-		일	삼

-		이		사

3. **Restaurant**
   784-454
   -9988

	팔	사	-	사		사

-	구		팔	

큰 소리로 문장을 읽고 연습하세요.
Read the sentences aloud and do a role-play.

1.

전화번호가 뭐예요?

263-377-5892 예요.

2.

전화번호가 뭐예요?

311-377-5892 예요.

3.

전화번호가 뭐예요?

486-903-2543 이에요.

4.

전화번호가 뭐예요?

995-622-4543 이에요.

숫자를 보고 알맞은 낱말을 쓰세요.
Look at the numbers and write the correct words.

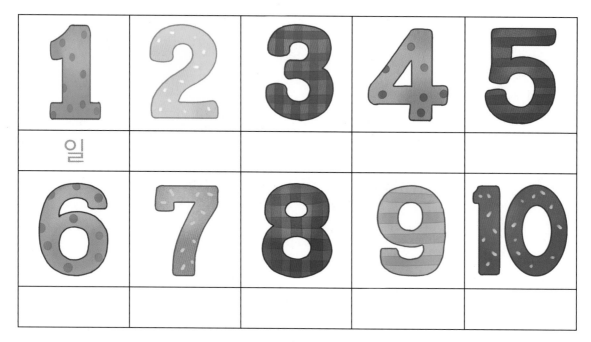

1	2	3	4	5
일				
6	7	8	9	10

 숫자를 읽고 쓰세요.
Read the numbers and write them.

1.

Bakery
784-123
-2244

칠	팔	사	–	일	이	삼
–	이	이	사	사		
칠	팔	사	–	일	이	삼
–	이	이	사	사		

2.

Restaurant
784-321
-5432

칠	팔	사	–	삼	이	일
–	오	사	삼	이		
			–			
–						

숫자를 말해요

숫 – 자 를 말 해 요 1 - 2 345
일 이 삼 사 오

숫 – 자 를 말 해 요 10 - 9 876
십 구 팔 칠 육

숫 – 자 를 말 해 요 6 7 8 9 10
육 칠 팔 구 십

숫 – 자 를 말 해 요 5 4 3 2 1
오 사 삼 이 일

Teacher's Note
① 학생들이 배운 낱말과 문장을 노래로 불러 보며 반복 학습이 되도록 해 주세요.
  (동요 〈Mary Had a Little Lamb〉의 멜로디로 만들어진 노래입니다.)
② '일, 이, 삼…십' 이후의 숫자로도 바꿔 보며 노래를 부르세요.

🎧 몇 시예요?
일곱 시예요.
재윤이가 일어나요.

몇 시예요?
열두 시예요.
재윤이가 진영이하고 놀아요.

몇 시예요?
세 시예요.
재윤이가 집에 와요.

낱말 Words

1 하나 one	**2** 둘 two	**3** 셋 three	**4** 넷 four	**5** 다섯 five	**6** 여섯 six
7 일곱 seven	**8** 여덟 eight	**9** 아홉 nine	**10** 열 ten	**11** 열하나 eleven	**12** 열둘 twelve

시계
clock

놀아요(놀다)
to play

와요(오다)
to come

일어나요(일어나다)
to wake up

 숫자에 맞은 낱말을 골라 연결하세요.
Draw a line to match the number with the correct word.

1. **8**

2. **12**

3. **3**

열둘

여섯

셋

여덟

넷

열

4.

5.

6.

낱말을 읽고 쓰세요.
Read the words and write them.

시 계

일 어 나 요

놀 아 요

와 요

 낱말을 읽고 알맞은 개수의 사과를 찾아 동그라미 하세요.
Read the number aloud and circle the correct number of apples.

1.

다섯

2.

셋

3.

둘

4.

일곱

그림에 맞는 문장을 골라 연결하세요.
Draw a line to match the picture with the sentence.

몇 시예요?

9:00
아홉 시예요.

1.
9:00

2.
4:00

3.
11:00

4.
8:00

열한 시예요.

여덟 시예요.

아홉 시예요.

네 시예요.

숫자 읽기 2

하나	둘	셋	넷	다섯	여섯	일곱	여덟	아홉	열	열하나	열둘
one	two	three	four	five	six	seven	eight	nine	ten	eleven	twelve

몇 시예요?	~ 시예요
몇 시예요? What time is it?	두 시예요. It's two o'clock.
Native Korean numbers are used for telling the time only for hours and counting items.	One, two, three, four, and twenty have slightly different forms when used with a counter.

 ## 그림을 보고 알맞은 문장을 고르세요.
Look at the pictures and choose the correct sentences.

1.
   몇 시예요?
   ○ 두 시예요.　　☑ 다섯 시예요.

2.
   몇 시예요?
   ○ 네 시예요.　　○ 세 시예요.

3.
   몇 시예요?
   ○ 아홉 시예요.　　○ 한 시예요.

4.
   몇 시예요?
   ○ 세 시예요.　　○ 열 시예요.

큰 소리로 문장을 읽고 연습하세요.
Read the sentences aloud and do a role-play.

1.

 몇 시에 일어나요?

 일곱 시에 일어나요.

2.

 몇 시에 친구하고 놀아요?

 세 시에 친구하고 놀아요.

3.

 몇 시에 집에 와요?

 다섯 시에 집에 와요.

문장을 읽고 쓰세요.
Read the sentences and write them.

1.

몇		시	예	요	?
몇		시	예	요	?

세		시	예	요	.
세		시	예	요	.

재	윤	이	는		집	에		와	요	.
재	윤	이	는		집	에		와	요	.

2.

몇		시	예	요	?

네		시	예	요	.

진	영	이	가		운	동	장	에	서		놀	아	요	.

몇 개의 낱말을 알고 있나요? 아는 낱말에 ☑표시하고 읽으세요.
How many words do you know? Check if you know the words and read them aloud.

1.

☐ 침대

2.

☐ 부엌

3.

☐ 마당

4.

☐ 곰 인형

5.

☐ 바구니

6.

☐ 말해요

7.

☐ 시계

8.

☐ 일어나요

 알맞은 낱말에 동그라미를 하고 문장을 읽으세요.
Circle the correct words and read the sentences aloud.

스팟은
어디에 있어요?

스팟은 침대 (옆 / 위)에
있어요.

공은
어디에 있어요?

공은 바구니 (안 / 밖)에
있어요.

500-377-5892
예요.

전화번호가
뭐(예요 / 이에요)?

오공공-삼칠칠-오팔구이예요.

몇 시에
일어나요?

(세 / 일곱) 시에 일어나요.

🎧 기분이 어때요?

좋아요.

슬퍼요.

신나요.

화나요.

무서워요.

낱말 Words

기분
feeling

무서워요(무섭다)
to be scary

슬퍼요(슬프다)
to be sad

신나요(신나다)
to be excited

좋아요(좋다)
to be good

화나요(화나다)
to be angry

아파요(아프다)
to be sick

졸려요(졸리다)
to be sleepy

 그림에 맞는 낱말을 골라 연결하세요.
Draw a line to match the picture with the word.

1.
2.
3.
4.
5.

무서워요   아파요

슬퍼요   신나요   졸려요

낱말을 읽고 쓰세요.
Read the words and write them.

좋아요

아파요

졸려요

슬퍼요

 제시된 낱말을 보고 알맞게 얼굴을 그리세요.
Draw the face that shows each feeling.

1.

좋아요

2.

슬퍼요

3.

화나요

4.

무서워요

5.

졸려요

6.

아파요

그림을 보고 알맞은 낱말을 고르세요.
Look at the pictures and choose the correct words.

 기분이 어때요?

 좋아요.

1.

슬퍼요　화나요　(신나요)

2.

화나요　무서워요　슬퍼요

3.

신나요　화나요　슬퍼요

4.

화나요　무서워요　신나요

기분이 어때요?	감정 형용사
기분이 어때요? How are you? 기분이 어때요 is the expression used when asking about someone's feelings.	기분이 좋아요. I feel good. Adjectives of feelings/emotions

 알맞은 그림과 낱말을 연결하세요.
Draw a line to match the picture with the word.

1.

신나요

2.

슬퍼요

3.

좋아요

4.

무서워요

5.

화나요

큰 소리로 문장을 읽고 연습하세요.
Read the sentences aloud and do a role-play.

1.

기분이 어때요?

슬퍼요.

2.

기분이 어때요?

화나요.

3.

기분이 어때요?

좋아요.

4.

기분이 어때요?

무서워요.

1. 기 분 이   어 때 요 ?
   기 분 이   어 때 요 ?

2. 기 분 이   좋 아 요 .

3. 기 분 이   어 때 요 ?

4. 신 나 요 .

🎧 **노래를 듣고 신나게 따라 부르세요.**
Let's sing a song.

기분이 어때요?

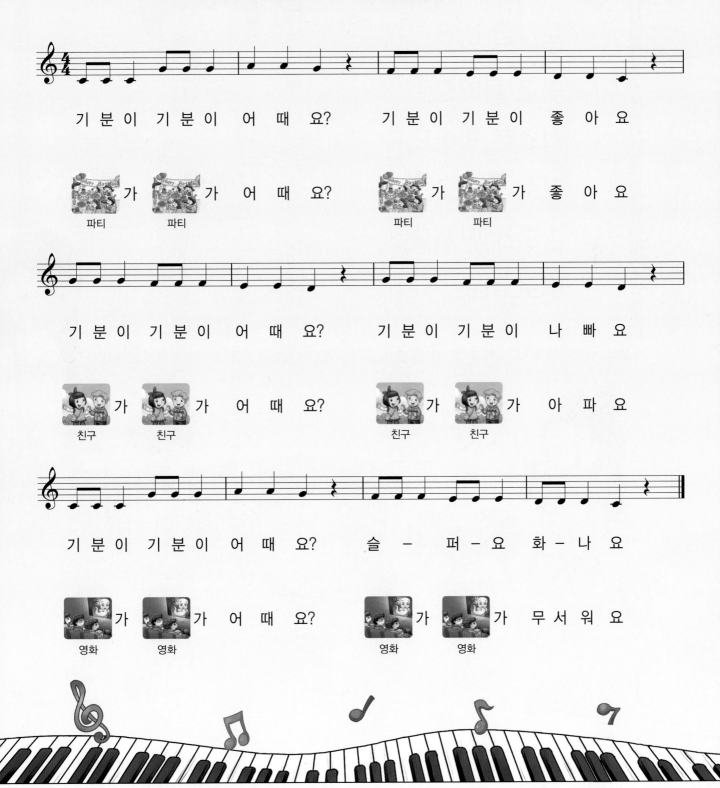

기분이 기분이 어 때 요?　기분이 기분이 좋 아 요

파티가 파티가 어 때 요?　파티가 파티가 좋 아 요

기 분 이 기 분 이 어 때 요?　기분이 기분이 나 빠 요

친구가 친구가 어 때 요?　친구가 친구가 아 파 요

기 분 이 기 분 이 어 때 요?　슬 — 퍼 — 요 화 — 나 요

영화가 영화가 어 때 요?　영화가 영화가 무 서 워 요

① 학생들이 배운 낱말과 문장을 노래로 불러 보며 반복 학습이 되도록 해 주세요.
　 (동요 〈Twinkle Twinkle Little Star〉의 멜로디로 만들어진 노래입니다.)
② 학생들의 기분을 묻고 답해 보고 '좋아요' 낱말과 함께 추가 낱말 '나빠요'도 같이 연습하게 해 주세요.

나의 몸이에요.

눈으로 봐요.

귀로 들어요.

입으로 먹어요.

코로 맡아요.

손으로 만져요.

발로 차요.

머리
눈
코
입
귀
목
손
팔
다리
발

몸

낱말 Words

들어요(듣다)
to hear

만져요(만지다)
to touch

맡아요(맡다)
to smell

먹어요(먹다)
to eat

봐요(보다)
to see

차요(차다)
to kick

 그림을 보고 알맞은 글자를 색칠하세요.
Look at the pictures and color the correct syllables to make words.

1.   맡 밑 아 야 요 오

2.  보 봐 오 유 요

3.   먹 막 어 여 요

4.   들 듣 여 어 요 오

5.  맡 만 저 져 오 요

낱말을 읽고 쓰세요.
Read the words and write them.

몸

귀

먹 어 요

코

봐 요

차 요

 그림에 맞는 낱말을 골라 연결하고 문장을 읽으세요.
Draw a line to match the picture with the word. And read the sentences aloud.

1.  ----------- 눈으로   만져요

2.   손으로   봐요

3.   발로   들어요

4.   귀로   차요

그림을 보고 알맞은 문장을 고르세요.
Look at the pictures and choose the correct sentences.

1.

☑ 입으로 먹어요.

○ 귀로 들어요.

2.

○ 눈으로 봐요.

○ 발로 차요.

3.

○ 손으로 만져요.

○ 코로 맡아요.

4.

○ 입으로 먹어요.

○ 발로 차요.

~으로/로

눈으로 봐요. I see with my eyes.
손으로 만져요. I touch with my hands.

If the noun ends with a consonant, use ~으로.

발로 차요. I kick with my foot.
코로 맡아요. I smell with my nose.

If the noun ends in a vowel or ends with a ㄹ, use ~로.

 알맞은 '~으로/로'에 동그라미를 하고 문장을 읽으세요.
Complete the sentences using '~으로/로' and read the sentences aloud.

1.  손(로 /(으로)) 만져요.

2.  발(로 / 으로) 차요.

3.  입(로 / 으로) 먹어요.

4.  눈(로 / 으로) 봐요.

5.  귀(로 / 으로) 들어요.

큰 소리로 문장을 읽고 연습하세요.
Read the sentences aloud and do a role-play.

1.

2.

3.

4.

1.

귀	로		들	어	요	.
귀	로		들	어	요	.

2.

발	로		차	요	.

3.

손	으	로		만	져	요	.

4.

입	으	로		먹	어	요	.

씨름 Ssireum

Ssireum(씨름) or Korean wrestling is a folk wrestling style and traditional national sport of Korea. Ssireum first gained widespread popularity during the Joseon Dynasty(조선 왕 조). In traditional life, ssireum was a popular activity on the Korean holiday of dano(단오). In its modern form each contestant wears a belt (satba, 샅바) that wraps around the waist and the thigh. The competition inquires a series of techniques and one achieves victory by bringing any part of the opponent's body above the knee to the ground.

[사진제공_한국관광공사]

 친구들과 함께 '돼지 씨름'을 하세요.
Let's play 'Pig ssireum'.

돼지 씨름은 상대방과 등을 마주 보고 앉은 후 두 손을 엇갈리게 하여 발목을 잡은 상태에서 손을 놓지 않고 상대의 엉덩이와 부딪치는 게임이에요. 먼저 넘어지거나 원 밖을 나가면 져요.

Pig ssireum is a game in which you try to knock over the opponent while sitting down and without using your hands. If someone is knocked over, or is pushed out, he(she) lose the game.

우리 가족은 한국 식당에 가요.

아빠는 갈비를 먹어요.
엄마는 순두부찌개를 먹어요.
형은 비빔밥을 먹어요.
여동생은 만두를 먹어요.
나는 자장면을 먹어요.

한국 음식은 맛있어요.

차림표(Menu)

비빔밥
된장찌개
자장면

만두
갈비
순두부찌개

낱말 Words

음식 food	갈비 galbi	만두 dumpling	비빔밥 bibimbap

순두부찌개 sundubu–jjigae	자장면 jajangmyeon	맛있어요(맛있다) delicious	맛없어요(맛없다) not tasty, not delicious

 그림에 맞는 낱말을 골라 연결하세요.
Draw a line to match the picture with the word.

1.

갈비

2.

순두부찌개

3.

자장면

4.

비빔밥

낱말을 읽고 쓰세요.
Read the words and write them.

음	식

맛	있	어	요

비	빔	밥

자	장	면

 그림에 맞는 낱말을 찾아 동그라미 하세요.
Find the words for the pictures and circle them.

보기

만두

순두부찌개

갈비

자장면

만	대	식	두	각	종	민
두	진	수	찌	현	면	장
장	자	순	두	부	찌	개
가	포	친	진	추	수	도
자	장	면	수	종	갈	장
면	아	진	각	정	비	국

그림을 보고 알맞은 문장을 고르세요.
Look at the pictures and choose the correct sentences.

라면	만두	냉면	된장찌개

1.

　　◯ 갈비를 먹어요.

　　◯ 만두를 먹어요.

2.

　　◯ 순두부찌개를 먹어요.

　　◯ 라면을 먹어요.

3.

　　◯ 된장찌개는 맛있어요.

　　◯ 된장찌개는 맛없어요.

4.

　　◯ 비빔밥을 먹어요.

　　◯ 냉면을 먹어요.

～을/를

우리 가족은 한국 음식을 먹어요.	아빠는 갈비를 먹어요.
My family eats Korean food.	Dad eats galbi.
If the noun ends with a consonant, use ～을.	If the noun ends with a vowel, use ～를.

When the particle ～을/를 is attached to a noun,
it indicates that the noun is the direct object of a verb.

 그림을 보고 알맞은 글자에 색칠하세요.
Look at the pictures and color the correct syllables.

1.  아빠는 만두 〔을 / **를**〕 먹어요.

2.  엄마는 갈비 〔을 / 를〕 먹어요.

3.  형은 냉면 〔을 / 를〕 먹어요.

4.  진영이는 자장면 〔을 / 를〕 먹어요.

큰 소리로 문장을 읽고 연습하세요.
Read the sentences aloud and do a role-play.

뭘 먹어요?

남동생은 자장면을 먹어요.

아빠는 냉면을 먹어요.

1.

엄마는 순두부찌개를 먹어요.

2.

형은 비빔밥을 먹어요.

3.

여동생은 된장찌개를 먹어요.

4.

1.

자	장	면	을		먹	어	요	.
자	장	면	을		먹	어	요	.

2.

만	두	를		먹	어	요	.

3.

된	장	찌	개	를		먹	어	요	.

4.

냉	면	을		먹	어	요	.

한국 음식을 먹어요

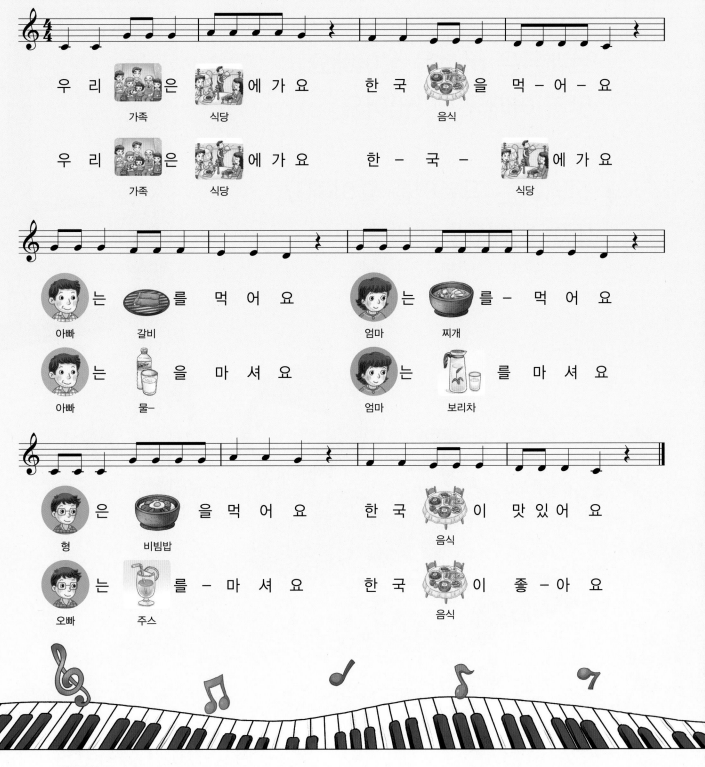

Teacher's Note
① 학생들이 배운 낱말과 문장을 노래로 듣고 따라 하며 반복 학습이 되도록 해 주세요.
   (동요 〈Twinkle Twinkle Little Star〉의 멜로디로 만들어진 노래입니다.)
② 학생들이 좋아하는 한국 음식을 묻고 답해 보며 추가 낱말 '물, 주스, 보리차, 마셔요'도 같이 연습하게 해 주세요.

14 재윤이는 피자를 좋아해요
Jaeyun Likes Pizza

재윤이는 피자를 좋아해요.
맛이 어때요? 맛있어요.

브랜든은 버섯을 싫어해요.
맛이 어때요? 맛없어요.

진영이는 떡볶이를 좋아해요.
맛이 어때요? 매워요.

낱말 Words

떡볶이
tteokbokki

버섯
mushroom

피자
pizza

달아요(달다)
to be sweet

매워요(맵다)
to be spicy

싫어해요(싫어하다)
to dislike

좋아해요(좋아하다)
to like

짜요(짜다)
to be salty

그림을 보고 알맞은 글자에 색칠하세요.
Look at the pictures and color the correct syllables to make words.

1. 　피　파　자　차

2. 　석　버　바　섯

3. 　떡　덕　볶　복　기　이

4. 　달　랄　아　어　요　오

5. 　찌　짜　오　요

낱말을 읽고 쓰세요.
Read the words and write them.

달	아	요

좋	아	해	요

매	워	요

싫	어	해	요

 그림을 보고 알맞은 문장을 고르세요.
Look at the pictures and choose the correct sentences.

1.

　◯ 맛있어요.
　◯ 맛없어요.

2.

　◯ 맛있어요.
　◯ 맛없어요.

3.

　◯ 매워요.
　◯ 달아요.

4.

　◯ 매워요.
　◯ 달아요.

그림에 맞는 문장을 골라 연결하세요.
Draw a line to match the picture with the sentence.

1.
 맛이 어때요?

매워요.

2.
 맛이 어때요?

맛있어요.

3.
 맛이 어때요?

맛없어요.

4.
 맛이 어때요?

달아요.

～을/를 좋아해요	～을/를 싫어해요
진영이는 피자를 좋아해요. Jinyeong likes pizza. ～을/를 좋아해요 is a verb that means 'to like'.	브랜든은 버섯을 싫어해요. Branden doesn't like mushroom. ～을/를 싫어해요 is a verb that means 'to dislike'.

 그림을 보고 문장을 완성하세요.
Look at the pictures and complete the sentences.

1.

피자

 피 자 를 좋아해요.

2.

떡볶이

싫어해요.

3.

버섯

싫어해요.

4.

만두

 좋아해요.

차림표를 보고 어떤 음식을 좋아하고 싫어하는지 말하세요.
Look at the menu and say what you like and don't like.

차림표(MENU)

 피자 pizza 떡볶이 tteokbokki

 갈비 galbi 파전 pajeon

 생선구이 grilled fish 김밥 gimbap

뭘 좋아해요? **자장면을 좋아해요.**

1.

뭘 좋아해요? **갈비를 좋아해요.**

2.

뭘 싫어해요? **파전을 싫어해요.**

3.

뭘 싫어해요? **생선구이를 싫어해요.**

4.

1.

맛	이		어	때	요	?
맛	이		어	때	요	?

2.

피	자	를		좋	아	해	요	.

3.

파	전	을		싫	어	해	요	.

4.

자	장	면	을		좋	아	해	요	.

몇 개의 낱말을 알고 있어요? 아는 낱말에 ☑표시하고 읽으세요.
How many words do you know? Check if you know the words and read them aloud.

1.

☐ 좋아요

2.

☐ 아파요

3.

☐ 몸

4.

☐ 귀

5.

☐ 음식

6.

☐ 갈비

7.

☐ 맛있어요

8.

☐ 매워요

 알맞은 낱말에 동그라미를 하고 문장을 읽으세요.
Circle the correct words and read the sentences aloud.

생일 파티를 해요.

기분이 (좋아요 / 아파요).

곰 인형을 손(으로 / 로) 만져요.

한국 음식을 (좋아해요 / 싫어해요).

형은 비빔밥(을 / 를) 먹어요.

엄마는 순두부찌개를 먹어요.

옷장 안에 뭐가 있어요?
바지가 있어요.

옷장 안에 양말이 있어요?
네, 양말이 있어요.

옷장 안에 한복이 있어요?
아니요, 한복이 없어요.

낱말 Words

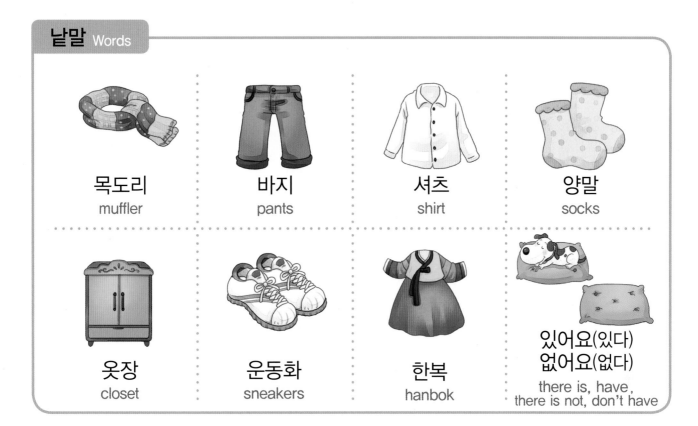

목도리 muffler	바지 pants	셔츠 shirt	양말 socks
옷장 closet	운동화 sneakers	한복 hanbok	있어요(있다) 없어요(없다) there is, have, there is not, don't have

 제시된 낱말을 보고 알맞은 그림을 찾아 동그라미 하세요.
Look at the picture and circle the correct picture for each word.

보 기

바지　　양말　　한복　　목도리　　셔츠

낱말을 읽고 쓰세요.
Read the words and write them.

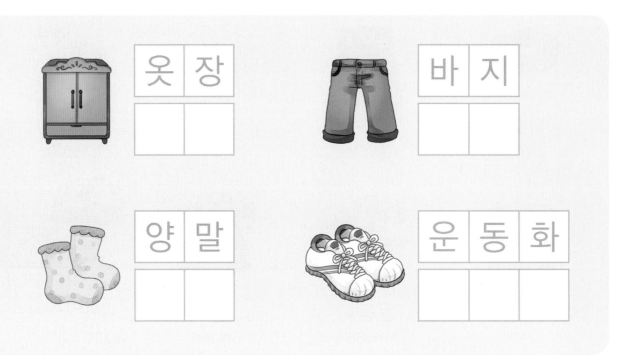

옷	장

바	지

양	말

운	동	화

 그림에 맞는 낱말을 골라 연결하세요.
Draw a line to match the picture with the word.

1.

한복

2.

목도리

3.

셔츠

4.

바지

그림을 보고 알맞은 문장을 고르세요.
Look at the pictures and choose the correct sentences.

옷장 안에
뭐가 있어요?

셔츠가
있어요.

1.

○ 치마가 있어요.

○ 바지가 있어요.

2.

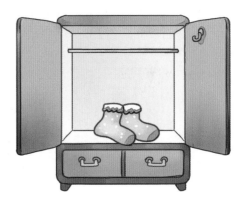

○ 장화가 있어요.

○ 양말이 있어요.

3.

○ 한복이 있어요.

○ 모자가 있어요.

4.

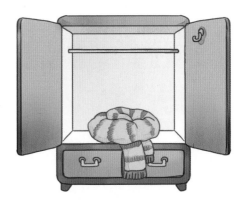

○ 운동화가 있어요.

○ 목도리가 있어요.

～이/가 있어요/없어요

옷장 안에 양말이 있어요.
There are socks in the closet.

If the noun ends in a consonant, use ～이.

방에 의자가 없어요.
There is no chair in the room.

If the noun ends in a vowel, use ～가.

～이/가 있어요/없어요 is used to indicate the existence(or nonexistence)
of an object or a person in a location.

알맞은 낱말에 동그라미를 하고 문장을 읽으세요.
Circle the correct words and read the sentences aloud.

1.  옷장 안에 목도리가 (있어요 / 없어요).

2.  탁자 위에 연필이 (있어요 / 없어요).

3.  방 안에 텔레비전이 (있어요 / 없어요).

4.  교실 안에 책상하고 의자가 (있어요 / 없어요).

큰 소리로 문장을 읽고 연습하세요.
Read the sentences aloud and do a role-play.

1.

양말이 있어요?

네, 양말이 있어요.

2.

코트가 있어요?

아니요, 코트가 없어요.

3.

목도리가 있어요?

네, 목도리가 있어요.

문장을 읽고 쓰세요.
Read the sentences and write them.

1.

바	지	가		없	어	요	.

2.

장	갑	이		있	어	요	.

3.

옷	장		안	에		셔	츠	가		있	어	요	.

4.

옷	장		안	에		신	발	이		없	어	요	.

뭐가 있어요?

옷장 안에 뭐 가 있어 요? 옷장 안에 바지 가 있어 요 옷장

옷장 안에 뭐 가 없어 요? 옷장 안에 한복 이 없어 요 옷장

안에 모자 가 옷장 안에 양말 이 옷장 안에 치마 가 있어 요

안에 구두 가 옷장 안에 장갑 이 옷장 안에 코트 가 없어 요

Teacher's Note

① 학생들이 배운 낱말과 문장을 노래로 듣고 따라 하며 반복 학습이 되도록 해 주세요.
   (동요 〈If You Are Happy and You Know It〉의 멜로디로 만들어진 노래입니다.)
② 학생들이 입고 있는 의복의 이름을 묻고 답해 보며 추가 낱말 '구두, 장갑'도 같이 연습하게 해 주세요.

16 클로이가 보라색 치마를 입어요
Chloe Puts on the Purple Skirt

클로이가 보라색 치마를 입어요.
브랜든이 초록색 조끼를 벗어요.

은서가 빨간색 모자를 써요.
재윤이가 파란색 모자를 벗어요.

수지가 주황색 신발을 신어요.
진영이가 노란색 신발을 벗어요.

낱말 Words

빨간색 red

주황색 orange

노란색 yellow

초록색 green

파란색 blue

보라색 purple

흰색 white

검은색 black

조끼
vest

벗어요(벗다)
to take off

신발
shoes

신어요(신다)
to put on

모자
hat

써요(쓰다)
to put on

치마
skirt

입어요(입다)
to put on

 제시된 낱말에 맞게 색칠하세요.
Look at the words and color the pictures correctly.

1.

빨간색 조끼

2.

파란색 치마

3.

보라색 모자

4.

초록색 신발

낱말을 읽고 쓰세요.
Read the words and write them.

치 마

신 발

써 요

신 어 요

벗 어 요

 그림을 보고 알맞은 낱말을 고르세요.
Look at the pictures and choose the correct words.

1.

○ 노란색 조끼

○ 빨간색 조끼

2.

○ 흰색 치마

○ 초록색 치마

3.

○ 주황색 모자

○ 보라색 모자

4.

○ 초록색 신발

○ 검은색 신발

그림에 맞는 문장을 골라 연결하세요.
Draw a line to match the picture with the sentence.

1.

초록색 조끼를
입어요.

2.

파란색 모자를
벗어요.

3.

보라색 모자를
써요.

4.

노란색 신발을
신어요.

착용 동사

클로이가 치마를 입어요.
Chloe puts on the skirt.

은서가 모자를 써요.
Eunseo puts on the hat.

브랜든이 조끼를 벗어요.
Branden takes off the vest.

수지가 신발을 신어요.
Suji puts on the shoes.

To put on, take off

 알맞은 그림과 낱말에 동그라미를 하고 문장을 읽으세요.
Circle the correct pictures and the words. Then read the sentences aloud.

1.  은서가 (모자 / 조끼)를
   (벗어요 / 신어요).

2. 재윤이가 (신발 / 치마)을
   (입어요 / 신어요).

3. 클로이가 (바지 / 치마)를
   (입어요 / 신어요).

4.  브랜든이 (조끼 / 신발)를
   (써요 / 벗어요).

5.  진영이가 (바지 / 모자)를
   (신어요 / 입어요).

큰 소리로 문장을 읽고 연습하세요.
Read the sentences aloud and do a role-play.

1.

 파란색 셔츠

 파란색 셔츠를 입어요.

2.

 빨간색 모자

 빨간색 모자를 써요.

3.

 보라색 신발

 보라색 신발을 신어요.

그림에 맞는 문장을 〈보기〉에서 골라 쓰세요.
Look at the pictures and write the correct sentences.

보 기

초록색 조끼를 입어요.　　　보라색 모자를 써요.

노란색 신발을 벗어요.　　（파란색 양말을 신어요.）

1.

파	란	색		양	말	을		신	어	요	.

2.

보	라	색							

3.

초	록	색								

4.

노	란	색								

한복과 색동저고리 Hanbok and Saekdong Jeogori

The hanbok(한복) is a traditional Korean dress. Koreans nowadays wear this outfit only on festive days or special anniversaries like seollal(설날) and chuseok(추석). However it was worn daily up until just 100 years ago. A woman's hanbok has a short top and a long skirt and a man's hanbok has a jacket and wide pants. Saekdong jeogori(색동저고리) is a child's hanbok and it has many colors such as red, white, yellow, green and blue in it. Children usually wear saekdong jeogori on holidays and their first birthday.

[사진제공_한국관광공사]

 다양한 색으로 한복을 예쁘게 색칠하세요.
Color this picture neatly.

135

우리 도서실이에요.

컴퓨터가 한 대 있어요.
사과가 두 개 있어요.
공책이 세 권 있어요.
연필이 네 자루 있어요.
꽃이 다섯 송이 있어요.
학생이 여섯 명 있어요.

낱말 Words

꽃
flower

도서실
library

빵
bread

사탕
candy

자동차
car

전화기
telephone

컴퓨터
computer

 그림을 보고 알맞은 글자에 색칠하세요.
Look at the pictures and color the correct syllables to make words.

1.   （자）（저）（동）（둥）（처）（차）

2.   （서）（사）（통）（탕）

3.  （도）（모）（서）（사）（설）（실）

4.   （전）（잔）（화）（호）（가）（기）

5.  （캄）（컴）（푸）（퓨）（타）（터）

낱말을 읽고 쓰세요.
Read the words and write them.

전	화	기

컴	퓨	터

사	탕

꽃

빵

그림에 맞는 낱말을 찾아 동그라미 하세요.
Find the words for the pictures and circle them.

보 기

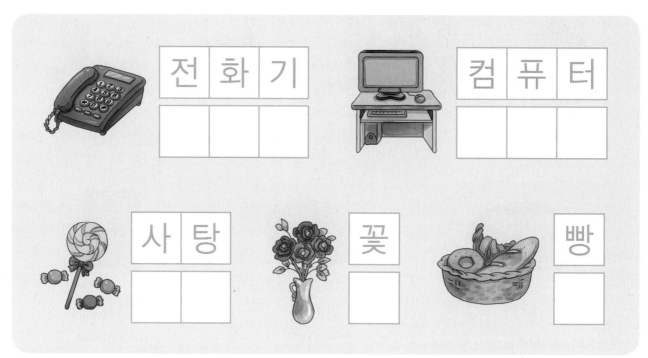

사탕

자동차

전화기

도서실

살	수	종	외	전	박	사
당	전	화	기	지	자	현
사	실	각	종	호	동	기
탕	박	수	가	장	차	탕
여	화	기	당	전	자	오
추	도	서	실	호	교	유

그림에 맞는 문장을 골라 연결하세요.
Draw a line to match the picture with the sentence.

1.

자동차가
두 대 있어요.

2.

사과가
세 개 있어요.

3.

책이
다섯 권 있어요.

4.

사탕이
네 개 있어요.

단위 명사

책 한 권
one book

호랑이 두 마리
two tigers

학생 세 명
three students

꽃 네 송이
four flowers

사탕 다섯 개
five candies

자동차 스무 대
twenty cars

연필 열 자루
ten pencils

The above noun counters are used with native Korean numbers.

그림에 맞는 낱말을 〈보기〉에서 골라 문장을 완성하세요.
Look at the pictures and complete the sentences.

보기

마리   대   권   송이   자루

1. 전화기가 한 [대] 있어요.

2. 연필이 세 [ ] 있어요.

3. 공책이 두 [ ] 있어요.

4. 꽃이 여섯 [ ] 있어요.

5. 호랑이가 두 [ ] 있어요.

큰 소리로 문장을 읽고 연습하세요.
Read the sentences aloud and do a role-play.

1.

우리 교실이에요.
컴퓨터가 한 대,
공책이 두 권,
꽃이 두 송이 있어요.

2.

우리 집이에요.
텔레비전이 한 대,
전화기가 두 대,
거울이 세 개 있어요.

3.

우리 마당이에요.
태극기가 한 개,
사과가 네 개,
강아지가 두 마리 있어요.

그림에 맞는 문장을 〈보기〉에서 골라 쓰세요.
Look at the pictures and write the correct sentences.

꽃이 세 송이 있어요.　　　　연필이 열 자루 있어요.

컴퓨터가 네 대 있어요.　　　책이 두 권 있어요.

1.

| 꽃 | 이 | | 세 | | 송 | 이 | | 있 | 어 | 요 | . |

2.

| 책 | 이 | | | | | | | | | | |

3.

| 컴 | 퓨 | 터 | 가 | | | | | | | | | |

4.

| 연 | 필 | 이 | | | | | | | | | | |

노래를 듣고 신나게 따라 부르세요.
Let's sing a song.

열 마리 고양이

한 권 – 두 권 – 세 권 – 네 권 – 다 섯 권 – 여 섯 권 – –
책   책

한 마 리 두 마 리 세 마 리   네 마 리 다 섯 마 리 여 섯 마 리
고양이   고양이

한 송 이 두 송 이 세 송 이   네 송 이 다 섯 송 이 여 섯 송 이
무궁화   무궁화

일 곱 권 – 여 덟 권 – 아 홉 권 – 열 권 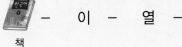 – 이 – 열 – 권
책

일 곱 마 리 여 덟 마 리 아 홉 마 리 열 마 리   가 열 마 리
고 – 양이

일 곱 송 이 여 덟 송 이 아 홉 송 이 열 송 이   꽃 이 열 송 이
무궁화

Teacher's Note
① 학생들이 배운 낱말과 문장을 노래로 듣고 따라 하며 반복 학습이 되도록 해 주세요.
  (동요 〈Ten Little Indians〉의 멜로디로 만들어진 노래입니다.)
② '고양이' 대신 다른 동물의 이름을 넣거나 '무궁화' 대신 다른 꽃 이름을 넣는 등 낱말을 바꿔 보며 노래를 부르세요.

물고기가 있어요?
네, 있어요.
몇 마리 있어요?
두 마리 있어요.

자전거가 있어요?
네, 있어요.
몇 대 있어요?
세 대 있어요.

농구공이 있어요?
아니요, 없어요.

낱말 Words

농구공 basketball	물고기 fish	새 bird	아기 baby
자전거 bike	축구공 soccer ball	토끼 rabbit	

 그림에 맞는 낱말을 골라 연결하세요.
Draw a line to match the picture and the word.

1.

새

2.

토끼

3.

물고기

4.

아기

 낱말을 읽고 쓰세요.
Read the words and write them.

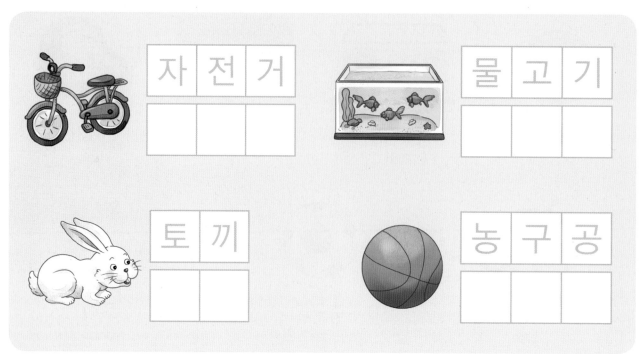

자 전 거

물 고 기

토 끼

농 구 공

그림에 맞는 낱말을 〈보기〉에서 골라 쓰세요.
Look at the pictures and write the correct words.

보 기

새   토끼   자전거   농구공

1.

세 대

2.

두 마리

3.

네 마리

4.

한 개

그림을 보고 알맞은 질문과 답을 연결하세요.
Look at the pictures and connect the question to the correct answer.

농구공이 있어요?

네, 컴퓨터가 있어요.

1.

컴퓨터가 있어요?

토끼가 다섯 마리 있어요.

2.

토끼가 몇 마리 있어요?

아니요, 농구공이 없어요.

3.

공책이 있어요?

네, 공책이 있어요.

4.

~이/가 있어요?	~이/가 몇 대/개/마리/명 있어요?
자전거가 있어요? Do you have a bicycle?	자전거가 몇 대 있어요? How many bicycles do you have?
Possession of an object	How many~ do you have?

알맞은 낱말에 동그라미를 하고 문장을 읽으세요.
Circle the correct words and read the sentences aloud.

1.

물고기가 (몇 마리 / 몇 명) 있어요?

2.

친구가 (세 대 / 세 명) 있어요.

3.

토끼가 (다섯 개 / 다섯 마리) 있어요.

4.

자동차가 (몇 대 / 몇 권) 있어요?

큰 소리로 문장을 읽고 연습하세요.
Read the sentences aloud and do a role-play.

1.

 강아지가 몇 마리 있어요?

 강아지가 네 마리 있어요.

2.

 친구가 몇 명 있어요?

 친구가 세 명 있어요.

3.

 자전거가 몇 대 있어요?

 자전거가 세 대 있어요.

그림에 맞는 문장을 〈보기〉에서 골라 쓰세요.

Look at the pictures and write the correct sentences.

보기

공책이 다섯 권 있어요.　　　자동차가 다섯 대 있어요.

물고기가 네 마리 있어요.　　　강아지가 두 마리 있어요.

1.

| 공 | 책 | 이 | | 다 | 섯 | | 권 | | 있 | 어 | 요 | . |

2.

| 강 | 아 | 지 | 가 | | | | | | | | | | |

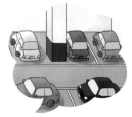

3.

| 자 | 동 | 차 | 가 | | | | | | | | | | |

4.

| 물 | 고 | 기 | 가 | | | | | | | | | | |

몇 개의 낱말을 알고 있나요? 아는 낱말에 ☑표시하고 읽으세요.
How many words do you know? Check if you know the words and read them aloud.

1.

☐ 바지

2.

☐ 양말

3.

☐ 치마

4.

☐ 모자

5.

☐ 도서실

6.

☐ 컴퓨터

7.

☐ 자전거

8.
☐ 토끼

 알맞은 낱말에 동그라미를 하고 문장을 읽으세요.
Circle the correct words and read the sentences aloud.

친구들이 (있어요 / 없어요).
브랜든은 초록색 (치마 / 조끼)를 입어요.
진영이는 노란색 신발을 (신어요 / 입어요).

학생이 여섯 (명 / 권) 있어요.
연필이 네 (마리 / 자루) 있어요.
꽃이 다섯 (권 / 송이) 있어요.
컴퓨터가 한 (개 / 대) 있어요.

🎧 우리 교실이에요.

누가 공부해요?
재윤이가 공부해요.

누가 노래해요?
클로이가 노래해요.

누가 울어요?
브랜든이 울어요.

낱말 Words

공부해요(공부하다)
to study

그려요(그리다)
to draw

노래해요(노래하다)
to sing

숙제해요(숙제하다)
to do homework

울어요(울다)
to cry

웃어요(웃다)
to smile

읽어요(읽다)
to read

 그림에 맞는 낱말을 골라 연결하세요.
Draw a line to match the picture with the word.

1.
2.
3.
4.
5.

노래해요   공부해요

그려요   놀아요   읽어요

낱말을 읽고 쓰세요.
Read the words and write them.

 그림에 맞는 낱말을 골라 연결하세요.
Draw a line to match the picture with the word.

1.

울어요

그려요

4.

2.

숙제해요

노래해요

5.

3.

웃어요

읽어요

6.

그림을 보고 알맞은 문장을 고르세요.
Look at the pictures and choose the correct sentences.

1.

○ 클로이가 노래해요.

○ 클로이가 울어요.

2.

○ 재윤이가 놀아요.

○ 재윤이가 공부해요.

3.

○ 수지가 숙제해요.

○ 수지가 그려요.

4.

○ 브랜든이 읽어요.

○ 브랜든이 울어요.

누가 ~해요?	~이/가 ~해요
누가 공부해요? Who is studying? This expression is used when asking who is doing something.	브랜든이 공부해요. Branden is studying. ~이/가 ~해요 is used to say that someone is doing something.

 그림을 보고 문장을 완성하세요.
Look at the pictures and complete the sentences.

1.

누가 공부해요?

브랜든 ☐ 공부 ☐☐ .

2.

누가 웃어요?

수지 ☐ 웃 ☐☐ .

3.

누가 노래해요?

은서 ☐ 노래 ☐☐ .

4.

누가 놀아요?

스팟 ☐ 놀 ☐☐ .

큰 소리로 문장을 읽고 연습하세요.
Read the sentences aloud and do a role-play.

1.

 누가 웃어요?

 엄마하고 아빠가 웃어요.

 누가 사탕을 먹어요?

 진영이가 사탕을 먹어요.

2.

 누가 놀아요?

 브랜든이 놀아요.

 누가 노래해요?

 클로이가 노래해요.

그림에 맞는 문장을 〈보기〉에서 골라 쓰세요.
Look at the pictures and write the correct sentences.

1. 누가 숙제해요?

| 브 | 랜 | 든 | 이 | | 숙 | 제 | 해 | 요 | . |

2. 누가 울어요?

| 클 | 로 | 이 | 가 | | | | | |

3. 누가 책을 읽어요?

| 재 | 윤 | 이 | 가 | | | | | | |

4. 누가 바나나를 먹어요?

| 은 | 서 | 가 | | | | | | | |

노래를 듣고 신나게 따라 부르세요.
Let's sing a song.

누가 누가 뭐 해요?

누 가 누 가 뭐 – 해 요?　　이 가 공 부 해 요

재윤

누 가 누 가 공 부 해 요?　　이 가 공 부 해 요

재윤

누 가 누 가 뭐 – 해 요?　　가 노 래 해 요

클로이

누 가 누 가 노 래 해 요?　　가 노 래 해 요

클로이

누 가 누 가 뭐 해 요?　　이 울 어 요

브랜든

누 가 누 가 울 어 요?　　이 울 어 요

브랜든

Teacher's Note
① 학생들이 배운 낱말과 문장을 노래로 듣고 따라 하며 반복 학습이 되도록 해 주세요.
　(동요 〈Twinkle Twinkle Little Star〉의 멜로디로 만들어진 노래입니다.)
② 학교나 집에서 누가 무엇을 하는지 묻고 답해 보며 낱말을 바꿔 보며 노래를 부르세요.

공원이에요.

엄마 오리가 있어요.
아기 오리도 있어요.

브랜든이 자전거를 타요.
재윤이도 자전거를 타요.

수지가 공놀이를 해요.
클로이도 공놀이를 해요.

낱말 Words

공놀이
ball game

공원
park

나무
tree

나비
butterfly

스케이트
skate

오리
duck

줄넘기
jumping rope

타요(타다)
to ride

 그림을 보고 알맞은 글자에 색칠하세요.
Look at the pictures and color the correct syllables to make words.

1.  　오　요　리　라

2. 　공　궁　월　원

3. 　공　강　날　놀　이　하

4. 　술　줄　넘　하　남　기

낱말을 읽고 쓰세요.
Read the words and write them.

공	원

스	케	이	트

공	놀	이

줄	넘	기

 그림을 보고 알맞은 문장을 고르세요.
Look at the pictures and choose the correct sentences.

1.
   ○ 자전거를 타요.
   ○ 스케이트를 타요.

2.
   ○ 공놀이를 해요.
   ○ 줄넘기를 해요.

3.
   ○ 오리가 있어요.
   ○ 나무가 있어요.

4.
   ○ 엄마 오리가 있어요.
   ○ 아기 오리가 있어요.

그림에 맞는 문장을 골라 연결하세요.
Draw a line to match the picture with the sentence.

1. 꽃이 있어요.

2. 엄마 오리가 있어요.

3. 진영이가 공놀이를 해요.

4. 은서가 자전거를 타요.

아기 오리도 있어요.

브랜든도 자전거를 타요.

수지도 공놀이를 해요.

나비도 있어요.

문법과 문형 Grammar and Usage

~도

엄마 오리가 있어요. 새끼 오리도 있어요.
There is a duck. There is also a baby duck.

수지가 공놀이를 해요. 브랜든도 공놀이를 해요.
Suji plays the ball game. Branden also plays with a ball.

Also, too, as well as

 그림을 보고 문장을 완성하세요.
Look at the pictures and complete the sentences.

1.

연필

책상 위에 책이 있어요.

| 연 | 필 | 도 | 있어요.

2.

재윤

진영이가 공놀이를 해요.

| | | | | 공놀이를 해요.

3.

은서

수지가 스케이트를 타요.

| | | | 스케이트를 타요.

4.

브랜든

클로이가 줄넘기를 해요.

| | | | | 줄넘기를 해요.

🗣️ 큰 소리로 문장을 읽고 연습하세요.
Read the sentences aloud and do a role-play.

1.

 공원에 엄마 오리가 있어요.

 공원에 아기 오리도 있어요.

2.

 공원에 나무가 있어요.

 공원에 새도 있어요.

3.

 수지가 스케이트를 타요.

 진영이도 스케이트를 타요.

그림에 맞는 문장을 〈보기〉에서 골라 쓰세요.
Look at the pictures and write the correct sentences.

보 기

교실에 책상도 있어요.   엄마도 노래를 해요.

수지도 줄넘기를 해요.   브랜든도 자전거를 타요.

1. 교실에 의자가 있어요.

| 교 | 실 | 에 | | 책 | 상 | 도 | | 있 | 어 | 요 | . |

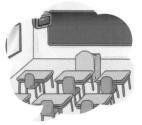

2. 재윤이가 자전거를 타요.

| 브 | 랜 | 든 | 도 | | | | | | | |

3. 아빠가 노래를 해요.

| 엄 | 마 | 도 | | | | | | | | |

4. 브랜든이 줄넘기를 해요.

| 수 | 지 | 도 | | | | | | | | |

서당 Seodang

In the old days, there was no school in Korea. So the children went to Seodang(서당) to study languages. The teacher of the seodang was called the hunjang(훈장님). When they finished the book, they did 'Chaekgeori(책거리)'. And in the old days they wrote letters using a brush that rubbed an ink stick on an inkstone instead of using pencil. We called this calligraphy.

[사진제공_한국관광공사]

 그림에서 문방사우를 찾아 보고 이야기 나누세요.
Let's find the Four Treasures of the Study in the picture and talk about it.

붓　　　벼루　　　먹　　　종이

진영이는 놀이터에서
그네를 타요.

은서는 놀이터에서
미끄럼틀을 타요.

브랜든하고 수지는
놀이터에서 줄넘기를 해요.

낱말 Words

놀이터
playground

그네
swing

미끄럼틀
slide

시소
seesaw

말
horse

비행기
airplane

운동해요(운동하다)
to exercise

자요(자다)
to sleep

 그림에 맞는 낱말을 골라 연결하세요.
Draw a line to match the picture with the word.

1.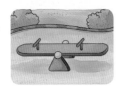

시소

2.

미끄럼틀

3.

줄넘기

4.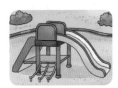

놀이터

5.

그네

낱말을 읽고 쓰세요.
Read the words and write them.

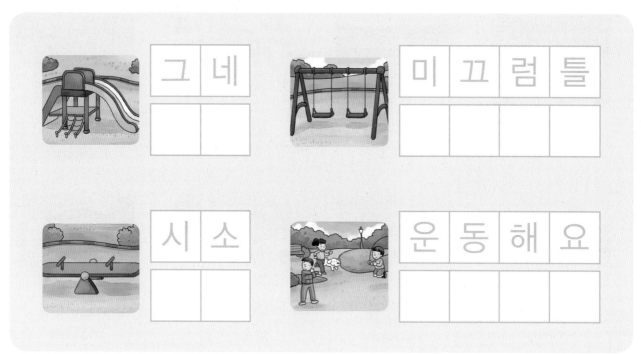

그	네

미	끄	럼	틀

시	소

운	동	해	요

그림에 맞는 낱말을 찾아 동그라미 하세요.
Find the words for the pictures and circle them.

시소

말

놀이터

비행기

말	상	각	주	비	상	식
졸	비	행	기	창	술	터
소	실	기	종	호	사	기
놀	이	터	강	행	지	착
이	서	텨	자	시	차	동
아	신	비	수	소	상	말

그림을 보고 알맞은 문장을 고르세요.
Look at the pictures and choose the correct words.

1.

◯ 재윤이는 말을 타요.

◯ 재윤이는 시소를 타요.

2.

◯ 은서는 그네를 타요.

◯ 은서는 미끄럼틀을 타요.

3.

◯ 수지는 비행기를 타요.

◯ 수지는 자동차를 타요.

4.

◯ 브랜든하고 재윤이는 자전거를 타요.

◯ 브랜든하고 재윤이는 줄넘기를 해요.

문법과 문형 Grammar and Usage

~에서

은서가 교실에서 공부해요.
Eunseo studies in the classroom.

~에서 is used to mark a dynamic location, which means a location in which an action is taking place.

그림을 보고 문장을 완성하세요.
Look at the pictures and complete the sentences.

1.

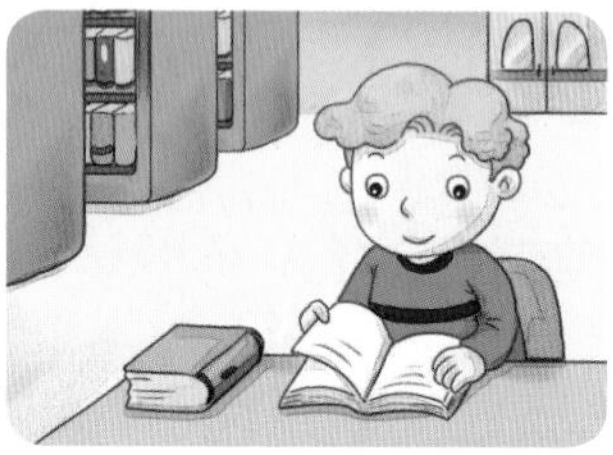

학교

브랜든이 [학 | 교 | 에 | 서] 숙제해요.

2.

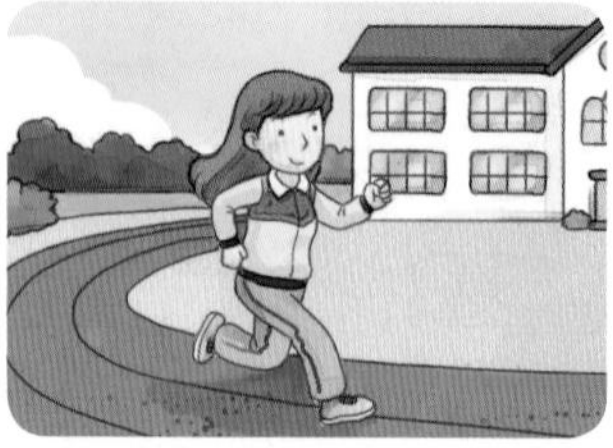

운동장

선생님이 [| | | |] 운동해요.

3.

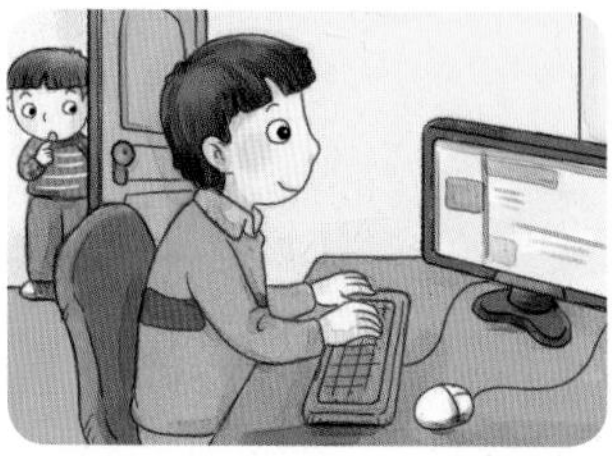

방

형이 [| |] 컴퓨터를 해요.

4.

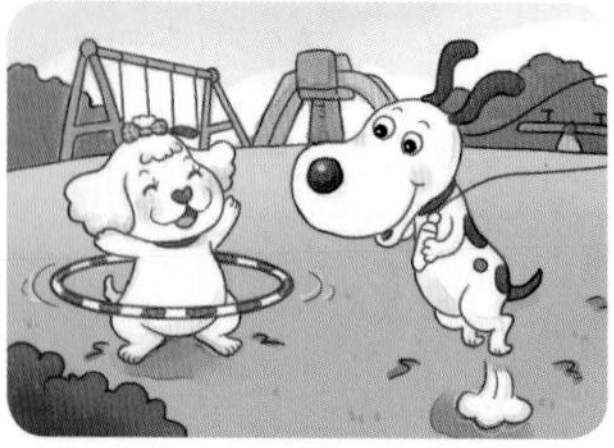

공원

스팟이 [| | |] 줄넘기를 해요.

큰 소리로 문장을 읽고 연습하세요.
Read the sentences aloud and do a role-play.

1.

 어디에서 공부해요?

 학교에서 공부해요.

2.

 어디에서 놀아요?

놀이터에서 놀아요.

3.

 어디에서 자요?

 침대에서 자요.

4.

어디에서 먹어요?

 식탁에서 먹어요.

그림에 맞는 문장을 〈보기〉에서 골라 쓰세요.
Look at the pictures and write the correct sentences.

놀이터에서 놀아요.　　체육관에서 운동해요.

부엌에서 먹어요.　　교실에서 공부해요.

1.

놀	이	터	에	서		놀	아	요	.

2.

3.

4.

노래를 듣고 신나게 따라 부르세요.
Let's sing a song.

놀이터에서 놀아요

에서 놀아요 | 친구 하고 놀아요
놀이터

에서 놀아요 | 친구 하고 놀아요
운동장

에서 그네 를 타요 | 줄넘기 를 해요
놀이터

에서 운동 을 해요 | 축구 를 해요 –
운동장

Teacher's Note

① 학생들이 배운 낱말과 문장을 노래로 듣고 따라 하며 반복 학습이 되도록 해 주세요.
   (동요 〈Mary Had a Little Lamb〉의 멜로디로 만들어진 노래입니다.)
② 놀이터에서 무엇을 하며 노는지 묻고 답해 보며 추가 낱말 '축구'도 같이 연습하게 해 주세요.

쉬는 시간이에요.

은서는 사과를 먹어요.
사과를 냠냠 먹어요.

재윤이는 낮잠을 자요.
낮잠을 쿨쿨 자요.

클로이는 숨바꼭질을 해요.
진영이가 살금살금 숨어요.

새가 짹짹 노래해요.

낱말 Words

낮잠
nap

숨바꼭질
hide-and-seek

쉬는 시간
recess time

숨어요(숨다)
to hide

냠냠
yum-yum

살금살금
walk noiselessly

짹짹
twit-twit

쿨쿨
zzz

 그림에 맞는 낱말을 골라 연결하세요.
Draw a line to match the picture with the words.

1.

짹짹   먹어요

2.

냠냠   자요

3.

살금살금   노래해요

4.

쿨쿨   숨어요

낱말을 읽고 쓰세요.
Read the words and write them.

숨 바 꼭 질

숨 어 요

짹 짹

살 금 살 금

그림에 맞는 낱말을 〈보기〉에서 골라 문장을 완성하세요.
Look at the pictures and complete the sentences.

보기

냠냠   쿨쿨   살금살금   짹짹

1.

새가 ☐☐ 노래해요.

2.

☐☐☐☐ 숨어요.

3.

☐☐ 먹어요.

4.

낮잠을 ☐☐ 자요.

그림을 보고 알맞은 문장을 고르세요.
Look at the pictures and choose the correct sentences.

1.

◯ 사과를 냠냠 먹어요.

◯ 사탕을 냠냠 먹어요.

2.

◯ 살금살금 숨어요.

◯ 새가 짹짹 노래해요.

3.

◯ 낮잠을 쿨쿨 자요.

◯ 새가 짹짹 노래해요.

4.

◯ 사탕을 냠냠 먹어요.

◯ 낮잠을 쿨쿨 자요.

문법과 문형 Grammar and Usage

의성어	의태어
곰이 쿨쿨 낮잠을 자요. A bear takes a nap, zzz. 토끼기 냠냠 당근을 먹어요. A bunny eats a carrot yum-yum. An imitating sound is a word which imitates the natural sound of something.	새끼 고양이가 살금살금 숨어요. A kitty walks noiselessly. 오리가 뒤뚱뒤뚱 가요. A duckling waddles. Mimetic word is a word that imitates the behavior.

 알맞은 낱말에 동그라미를 하고 문장을 읽으세요.
Circle the correct words and read the sentences aloud.

1.  진영이는 사탕을 (냠냠 / 쿨쿨) 먹어요.

2.  오리가 (짹짹 / 뒤뚱뒤뚱) 가요.

3.  스팟이 (쿨쿨 / 살금살금) 자요.

4.  클로이가 (살금살금 / 짹짹) 숨어요.

5.  새가 (뒤뚱뒤뚱 / 짹짹) 노래해요.

큰 소리로 문장을 읽고 연습하세요.
Read the sentences aloud and do a role-play.

1.

 진영이는
낮잠을 쿨쿨 자요.

2.
 은서는
비빔밥을 냠냠 먹어요.

3.

 수지는
살금살금 숨어요.

4.
 새가
짹짹 노래해요.

그림에 맞는 문장을 〈보기〉에서 골라 쓰세요.
Look at the pictures and write the correct sentences.

보 기

재윤이는 빵을 냠냠 먹어요.　　오리가 뒤뚱뒤뚱 가요.

새가 짹짹 노래해요.　　　　　　누나는 낮잠을 쿨쿨 자요.

1.

| 재 | 윤 | 이 | 는 | | 빵 | 을 | | 냠 | 냠 | | 먹 | 어 | 요 | . |

2.

| | | | | | | | | | | | | | | |

3.

| | | | | | | | | | | | |

4.

| | | | | | | | | | |

몇 개의 낱말을 알고 있나요? 아는 낱말에 ☑ 표시하고 읽으세요.
How many words do you know? Check if you know the words and read them aloud.

1.

☐ 노래해요

2.

☐ 그려요

3.

☐ 타요

4.

☐ 줄넘기

5.

☐ 놀이터

6.
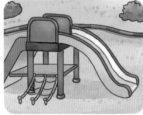
☐ 미끄럼틀

7.
☐ 쉬는 시간

8.

☐ 숨바꼭질

알맞은 낱말에 동그라미를 하고 문장을 읽으세요.
Circle the correct words and read the sentences aloud.

누가 공놀이를 해요?

수지가 공원(에서 / 서)
(공부 / 공놀이)를 해요.
클로이(은 / 도) 공놀이를 해요.

재윤이가 쉬는 시간에
(쿨쿨 / 짹짹) 자요.
은서가 사과를 (살금살금 / 냠냠) 먹어요.

동물원이에요.

기린은 목이 길어요.
거북이는 목이 짧아요.

코끼리는 몸이 커요.
다람쥐는 몸이 작아요.

하마는 입이 커요.
원숭이는 꼬리가 길어요.

낱말 Words

동물원
zoo

거북이
turtle

기린
giraffe

다람쥐
squirrel

꼬리
tail

원숭이
monkey

코끼리
elephant

하마
hippo

길어요(길다)
to be long
짧아요(짧다)
to be short

커요(크다)
to be big
작아요(작다)
to be small

✏️ **그림에 맞는 낱말을 골라 연결하세요.**
Draw a line to match the picture with the word.

1.
2.
3.
4.
5.

코끼리   기린   하마   다람쥐   거북이

낱말을 읽고 쓰세요.
Read the words and write them.

기린

하마

길어요

짧아요

 알맞은 글자를 연결하고 낱말을 쓰세요.
Draw a line to connect the correct syllables and write the words.

1.

동　문　유

돕　물　원

동 물 원

2.

거　묵　이

가　북　아

3.

꼬　길　리

코　끼　이

그림을 보고 알맞은 문장을 고르세요.
Look at the pictures and choose the correct sentences.

1.

◯ 하마는 입이 커요.
◯ 하마는 입이 작아요.

2.

◯ 다람쥐는 몸이 커요.
◯ 다람쥐는 몸이 작아요.

3.

◯ 거북이는 목이 짧아요.
◯ 거북이는 목이 길어요.

4.

◯ 원숭이는 꼬리가 짧아요.
◯ 원숭이는 꼬리가 길어요.

~은/는 ~이/가

기린은 목이 길어요. The giraffe has a long neck.
거북이는 다리가 짧아요. The turtle has short legs.

A descriptive verb describes that subject's condition or characteristics.

그림을 보고 문장을 완성하세요.
Look at the pictures and complete the sentences.

1. 기린 ☐ 목 ☐ 길어요.

2. 다람쥐 ☐ 몸 ☐ 작아요.

3. 원숭이 ☐ 꼬리 ☐ 길어요.

4. 스팟 ☐ 목 ☐ 짧아요.

5. 토끼 ☐ 귀 ☐ 길어요.

큰 소리로 문장을 읽고 연습하세요.
Read the sentences aloud and do a role-play.

1.

 나는 몸이 작아요.

귀가 길어요.

 토끼예요.

2.

 나는 꼬리가 길어요.

바나나를 좋아해요.

 원숭이예요.

3.

 나는 몸이 커요.

코가 길어요.

 코끼리예요.

그림에 맞는 문장을 〈보기〉에서 골라 쓰세요.
Look at the pictures and write the correct sentences.

보기

다람쥐는 몸이 작아요.   기린은 목이 길어요.

토끼는 꼬리가 짧아요.   하마는 입이 커요.

1.

| 토 | 끼 | 는 | | 꼬 | 리 | 가 | | 짧 | 아 | 요 | . |

2.

| | | | | | | | | | | | |

3.

| | | | | | | | | | | | |

4.

| | | | | | | | | | | |

노래를 듣고 신나게 따라 부르세요.
Let's sing a song.

길어요 짧아요

반 대 말 을 알 아 봐 요   길 어 요 짧 아 요

반 대 말 을 알 아 봐 요   커 요 - 작 아 요

기 - 린   은 목 이 길 어 요

거북이   는 목 이 짧 아 요

코끼리   는 몸 이 커 - 요

다람쥐   는 몸 이 작 아 요

엄마   는 머 리 가 길 - 어 - 요

아빠   는 머 리 가 짧 - 아 - 요

형   - 은 - 키 가 커 - 요

아 - 기   - 는 키 가 작 아 요

Teacher's Note
① 학생들이 배운 낱말과 문장을 노래로 듣고 따라 하며 반복 학습이 되도록 해 주세요.
  (동요 〈Twinkle Twinkle Little Star〉의 멜로디로 만들어진 노래입니다.)
② 다양한 반대 개념을 묻고 답해 보며 추가 낱말 '목, 몸, 머리, 키'도 같이 연습하게 해 주세요.

🎧 동물들이 뭐 해요?

원숭이가 바나나를 먹어요.
코끼리가 물을 마셔요.

악어가 하품을 해요.
사자가 잠을 자요.

펭귄이 춤을 춰요.
돌고래가 노래를 해요.

낱말 Words

돌고래
dolphin

사자
lion

악어
crocodile

펭귄
penguin

나뭇잎
leaf

물
water

마셔요(마시다)
to drink

춤춰요(춤추다)
to dance

하품해요(하품하다)
to yawn

 제시된 낱말을 보고 알맞은 그림을 찾아 동그라미 하세요.
Look at the words and circle the correct pictures for each word.

보 기

펭귄   돌고래   악어   사자   원숭이

낱말을 읽고 쓰세요.
Read the words and write them.

마	셔	요

사	자

펭	권

악	어

 그림에 맞는 낱말을 골라 연결하세요.
Draw a line to match the picture with the word.

1.

2.

3.

악어

나뭇잎

펭귄

하품해요

돌고래

물

4.

5.

6.

그림에 맞는 문장을 골라 연결하세요.
Draw a line to match the picture with the sentence.

1.

코끼리가
물을 마셔요.

2.

원숭이가
바나나를 먹어요.

3.

펭귄이
춤을 춰요.

4.

돌고래가
노래를 해요.

뭐 해요?	~이/가 ~을/를
뭐 해요? What are you doing? What is he/she/it doing?	코끼리가 물을 마셔요. An elephant drinks water.

It means that the subject of the sentence is doing something.

✏️ **그림을 보고 문장을 완성하세요.**
Look at the pictures and complete the sentences.

1. 원숭이가 뭐 해요?

   원숭이 ☐ 바나나 ☐ 먹어요.

2. 사자가 뭐 해요?

   사자 ☐ 하품 ☐ 해요.

3. 돌고래가 뭐 해요?

   돌고래 ☐ 노래 ☐ 해요.

4. 기린이 뭐 해요?

   기린 ☐ 나뭇잎 ☐ 먹어요.

5. 악어가 뭐 해요?

   악어 ☐ 춤 ☐ 춰요.

큰 소리로 문장을 읽고 연습하세요.
Read the sentences aloud and do a role-play.

1.

사자가 뭐 해요?

사자가 잠을 자요.

2.

재윤이가 뭐 해요?

재윤이가 운동을 해요.

3.

엄마하고 아빠가 뭐 해요?

엄마하고 아빠가 책을 읽어요.

그림에 맞는 문장을 〈보기〉에서 골라 쓰세요.
Look at the pictures and write the correct sentences.

돌고래가 노래를 해요.   악어가 하품을 해요.

원숭이가 낮잠을 자요.   펭귄이 물고기를 먹어요.

1. 돌고래가 뭐 해요?

돌	고	래	가		노	래	를		해	요	.

2. 악어가 뭐 해요?

3. 원숭이가 뭐 해요?

4. 펭귄이 뭐 해요?

흥부와 놀부 Heungbu and Nolbu

Once upon a time, there lived Heungbu(흥부) and Nolbu(놀부). The elder brother, Nolbu, was wicked and mean. He drove Heungbu and his family out of their house. One day, a little bird fell from a nest and got hurt. Heungbu healed the bird's broken leg. The bird came back to Heungbu and gave him a gourd seed too.

After it grew Heungbu cut down the big gourd plant and was shocked to find that it was filled with gold, silver and all kinds of treasures! Nolbu thought he could do the same, so he caught a little bird for himself and broke its leg. Next spring, the bird came back to Nolbu and gave a gourd seed.

Excited, Nolbu planted the seed and waited until it grew into a big plant. Nolbu cut down the plant, expecting it to be filled with treasure. Instead, it was filled with goblins! The goblins ended up stealing everything Nolbu had. Heungbu visited Nolbu and said, "Nolbu, come live with me and my family." Nolbu began to cry. Nolbu changed his ways and lived with his brother happily ever after.

날씨가 어때요?
맑아요.

날씨가 어때요?
바람이 불어요.

날씨가 어때요?
비가 와요.

날씨가 어때요?
눈이 와요.

낱말 Words

날씨 weather	구름 cloud	눈 snow	비 rain

해 sun	맑아요(맑다) to be sunny/clear	불어요(불다) to blow	흐려요(흐리다) to be cloudy

 알맞은 글자를 연결하고 낱말을 쓰세요.
Draw a line to connect the correct syllables and write the words.

1.

   불 — 어   유
   물   여   요

2.

   호   려   오
   흐   러   요

3.

   맑   야   오
   밝   아   요

낱말을 읽고 쓰세요.
Read the words and write them.

날	씨

맑	아	요

눈

비

해

그림에 맞는 낱말을 찾아 동그라미를 하세요.
Find the words for the pictures and circle them.

보 기

날씨

불어요

맑아요

흐려요

바	맑	씨	강	한	구	지
름	아	비	바	실	행	터
소	요	기	흐	랑	고	흐
교	술	학	강	불	다	려
지	한	름	기	어	반	요
리	실	날	씨	요	린	주

그림을 보고 알맞은 문장을 고르세요.
Look at the pictures and choose the correct sentences.

 날씨가 어때요?

 비가 와요.

1.

○ 눈이 와요.

○ 맑아요.

2.

○ 맑아요.

○ 비가 와요.

3.

○ 눈이 와요.

○ 맑아요.

4.

○ 바람이 불어요.

○ 비가 와요.

날씨가 어때요? 날씨가 ~

날씨가 어때요? How is the weather?	날씨가 흐려요. It is cloudy. 날씨가 맑아요. It is sunny.

There are descriptive verbs that describe the weather
such as hot, cold, clear/sunny, cloudy, windy, rainy and snowy.

알맞은 낱말에 동그라미를 하고 문장을 읽으세요.
Circle the correct words and the sentences. Then read the sentences aloud.

1.

   날씨가 어때요?
   날씨가 (흐려요 / 맑아요).

2.

   날씨가 어때요?
   (비가 와요 / 눈이 와요).

3.

   날씨가 어때요?
   (바람이 불어요 / 비가 와요).

4.

   날씨가 어때요?
   (비가 와요 / 바람이 불어요).

5.

   날씨가 어때요?
   날씨가 (흐려요 / 맑아요).

큰 소리로 문장을 읽고 연습하세요.
Read the sentences aloud and do a role-play.

1.

서울 날씨는 어때요?
맑아요.

2.

뉴욕 날씨는 어때요?
눈이 와요.

3.

런던 날씨는 어때요?
흐려요.

4.

L.A. 날씨는 어때요?
비가 와요.

그림에 맞는 문장을 〈보기〉에서 골라 쓰세요.
Look at the pictures and write the correct sentences.

보 기

맑아요.　　　　흐려요.

눈이 와요.　　　바람이 불어요.

1.

날씨가 어때요?

눈	이		와	요	.

2.
날씨가 어때요?

3.
날씨가 어때요?

4.
날씨가 어때요?

206

노래를 듣고 신나게 따라 부르세요.
Let's sing a song.

날씨가 어때요?

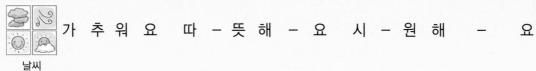

Teacher's Note

① 학생들이 배운 낱말과 문장을 노래로 듣고 따라 하며 반복 학습이 되도록 해 주세요.
  (동요 《Row Row Row Your Boat》의 멜로디로 만들어진 노래입니다.)
② 날씨가 어떤지 묻고 답해 보며 학생들이 다양한 표현을 연습하게 해 주세요.

어떤 계절이 좋아요?
봄이 좋아요. 봄은 따뜻해요.

어떤 계절이 좋아요?
여름이 좋아요. 여름은 더워요.

어떤 계절이 좋아요?
가을이 좋아요. 가을은 시원해요.

어떤 계절이 좋아요?
겨울이 좋아요. 겨울은 추워요.

낱말 Words

계절 season	**봄** spring	**여름** summer	**가을** fall	**겨울** winter

더워요(덥다) to be hot	**따뜻해요(따뜻하다)** to be warm	**시원해요(시원하다)** to be cool	**추워요(춥다)** to be cold

 그림에 맞는 낱말을 골라 연결하세요.
Draw a line to match the picture with the word.

1.

더워요

2.

추워요

3.

시원해요

4.

따뜻해요

✏️ 낱말을 읽고 쓰세요.
Read the words and write them.

봄

여름

가을

겨울

시원해요

✏️ 그림을 보고 알맞은 문장을 고르세요.
Look at the pictures and choose the correct sentences.

1.

○ 여름이에요.

○ 가을이에요.

2.

○ 추워요.

○ 더워요.

3.

○ 가을이에요. 따뜻해요.

○ 가을이에요. 시원해요.

4.

○ 봄이 좋아요.

○ 겨울이 좋아요.

그림에 맞는 낱말을 골라 연결하세요.
Draw a line to match the picture with the word.

1. 봄

2. 여름

3. 가을

4. 겨울

눈이 와요.

바다에 가요.

꽃이 펴요.

시원해요.

어떤 ～이/가 좋아요? ～이/가 좋아요

어떤 **계절**이 좋아요? What's your favorite season?
봄이 좋아요. I like spring.

어떤 ～이/가 좋아요? is used to
when asking about a specific thing from a certain group.

 그림을 보고 문장을 완성하세요.
Look at the pictures and complete the sentences.

1.

어떤 계절☐ 좋아요?

봄☐ 좋아요. 따뜻해요.

2.

어떤 과일☐ 좋아요?

포도☐ 좋아요.

3.

어떤 동물☐ 좋아요?

기린☐ 좋아요.

4.

어떤 음식☐ 좋아요?

김밥☐ 좋아요.

큰 소리로 문장을 읽고 연습하세요.
Read the sentences aloud and do a role-play.

1.

 어떤 계절이 좋아요?

 겨울이 좋아요.

겨울에는 눈이 와요.

2.

 어떤 한국 음식이 좋아요?

 비빔밥이 좋아요.

비빔밥은 맛있어요.

3.

 어떤 동물이 좋아요?

 토끼가 좋아요.

토끼는 귀여워요.

✏️ 그림에 맞는 문장을 〈보기〉에서 골라 쓰세요.
Look at the pictures and write the correct sentences.

보기

파란색이 좋아요.   어떤 동물이 좋아요?

여름이 좋아요.   어떤 친구가 좋아요?

1. 어떤 계절이 좋아요?

| 여 | 름 | 이 | | 좋 | 아 | 요 | . |

2. 어떤 색이 좋아요?

| | | | | | | | |

3. | | | | | | | | | | |

펭귄하고 돌고래가 좋아요.

4. | | | | | | | | | | |

클로이가 좋아요.

몇 개의 낱말을 알고 있어요? 아는 낱말에 ☑ 표시하고 읽으세요.
How many words do you know? Check if you know the words and read them aloud.

1.

☐ 거북이

2.

☐ 하마

3.

☐ 마셔요

4.

☐ 춤춰요

5.

☐ 바람

6.

☐ 봄

7.

☐ 겨울

8.

☐ 더워요

 알맞은 낱말에 동그라미를 하고 문장을 읽으세요.
Circle the correct words and read the sentences aloud.

동물들이 뭐 해요?
코끼리(이 / 가) 물을 마셔요.
(코끼리 / 다람쥐)는
몸이 (커요 / 작아요).

어떤 (음식 / 계절)이 좋아요?
가을(이 / 가) 좋아요.
가을은 (추워요 / 시원해요).

🎧 오늘은 은서 생일이에요.
선물이 많아요.

진영이는 생일이 언제예요?
7월 4일이에요.

클로이는 생일이 언제예요?
6월 25일이에요.

은서가 촛불을 꺼요.
친구들이 생일 축하 노래를 불러요.

낱말 Words

생일
birthday

선물
present

오늘
today

촛불
candlelight

꺼요(끄다)
to put out

노래를 불러요(부르다)
to sing

많아요(많다)
to be many

초대해요(초대하다)
to invite

축하해요(축하하다)
to congratulate

 그림을 보고 알맞은 글자에 색칠하세요.
Look at the pictures and color the correct syllables to make words.

1. 선 전 물 문

2.  숫 촛 발 불

3. 쟁 생 축 일 클

4.  막 많 아 어 요 오

5.  호 초 매 대 해 하 요

낱말을 읽고 쓰세요.
Read the words and write them.

선	물

많	아	요

촛	불

초	대	해	요

그림에 맞는 낱말을 〈보기〉에서 골라 문장을 완성하세요.
Look at the pictures and complete the sentences.

보 기
촛불   많아요   초대해요   생일

1.

사탕이 [ ][ ][ ][ ]

2.

[ ][ ]을 축하해요.

3.

친구를 [ ][ ][ ][ ]

4.

[ ][ ]을 꺼요.

그림을 보고 질문에 맞는 답을 골라 연결하세요.
Draw a line to match the question with the correct answer.

6월 10일	7월 4일	6월 25일	8월 16일
재윤	진영	클로이	은서

1.
재윤이는 생일이
언제예요?

6월 25일이에요.

2.
진영이는 생일이
언제예요?

6월 10일이에요.

3.
클로이는 생일이
언제예요?

8월 16일이에요.

4.
은서는 생일이
언제예요?

7월 4일이에요.

~이 언제예요? ~이에요

생일이 언제예요? When is your birthday? 언제 is used when you ask about the time of an event.	6월 10일이에요. My birthday is on June 10th. Sino-Korean numbers are used for counting dates. The pronunciation of the months June and October is slightly different than the Sino-Korean numbers 6 and 10.

 그림을 보고 문장을 완성하세요.
Look at the pictures and complete the sentences.

1.

   친구 생일 ☐ 언제예요?

   3월 1일 ☐ ☐ ☐ .

2.

   여동생 생일 ☐ 언제예요?

   2월 14일 ☐ ☐ ☐ .

3.

   오빠 생일 ☐ 언제예요?

   12월 28일 ☐ ☐ ☐ .

4.

   수지 생일 ☐ 언제예요?

   10월 5일 ☐ ☐ ☐ .

큰 소리로 문장을 읽고 연습하세요.
Read the sentences aloud and do a role-play.

1.

 오빠 생일이 언제예요?

 11월 25일이에요.
생일 축하 노래를 불러요.

2.

 생일이 언제예요?

 5월 4일이에요.
친구들을 초대해요.

3.

 클로이 생일이 언제예요?

 6월 25일이에요.
클로이가 촛불을 꺼요.

그림에 맞는 문장을 〈보기〉에서 골라 쓰세요.
Look at the pictures and write the correct sentences.

보 기

선물이 많아요.   촛불을 꺼요.

5월 4일이에요.   친구를 초대해요.

1. 생일이 언제예요?

2.

3.

4.

노래를 듣고 신나게 따라 부르세요.
Let's sing a song.

생일이 언제예요?

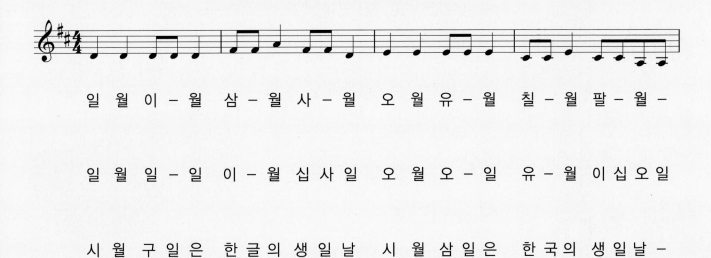

일 월 이 – 월 삼 – 월 사 – 월 오 월 유 – 월 칠 – 월 팔 – 월 –

일 월 일 – 일 이 – 월 십 사 일 오 월 오 – 일 유 – 월 이 십 오 일

시 월 구 일 은 한 글 의 생 일 날 시 월 삼 일 은 한 국 의 생 일 날 –

구 월 시 – 월 십 일 월 십 이 월 생일 이 언 제 예 요?

칠 월 사 – 일 시 – 월 구 – 일 생일 이 언 제 예 요?

칠 월 사 일 은 미 국 의 생 일 날 생일 이 언 제 예 요?

Teacher's Note
① 학생들이 배운 낱말과 문장을 노래로 듣고 따라 하며 반복 학습이 되도록 해 주세요.
  (동요 〈Ten Little Indians〉의 멜로디로 만들어진 노래입니다.)
② 학생들의 생일이 언제인지 묻고 답해 보며 다양한 표현을 연습하게 해 주세요.

223

동물 친구들이 많아요.

금붕어는 몇 살이에요?
한 살이에요.

햄스터는 몇 살이에요?
두 살이에요.

앵무새는 몇 살이에요?
세 살이에요.

거북이는 몇 살이에요?
다섯 살이에요.

동물 친구들을
만나요

낱말 Words

고양이
cat

금붕어
gold fish

나이
age

도마뱀
lizard

앵무새
parrot

햄스터
hamster

적어요(적다)
to be few

 그림에 맞는 낱말을 골라 연결하세요.
Draw a line to match the picture with the word.

1.
2.
3.
4.
5.

금붕어　　고양이　　햄스터　　앵무새　　도마뱀

낱말을 읽고 쓰세요.
Read the words and write them.

도 마 뱀

앵 무 새

여덟 살 다섯 살
나 이

적 어 요

 알맞은 글자를 연결하고 낱말을 쓰세요.
Draw a line to connect the correct syllables and write the words.

1.

금　　봉　　어

군　　붕　　허

2.

앤　　스　　다

햄　　소　　터

3.

고　　양　　이

코　　향　　일

그림을 보고 질문에 맞는 답을 골라 연결하세요.
Draw a line to match the question with the correct answer.

세 살	한 살	두 살	다섯 살

1.

앵무새는
몇 살이에요?

앵무새는
세 살이에요.

2.

햄스터는
몇 살이에요?

거북이는
다섯 살이에요.

3.

금붕어는
몇 살이에요?

햄스터는
두 살이에요.

4.

거북이는
몇 살이에요?

금붕어는
한 살이에요.

몇 살이에요? ~ 살이에요

몇 살이에요? How old are you?　　여섯 살이에요. I'm six years old.

Native Korean Numbers are used saying ones age in Korean.
And 'one, two, three, four and twenty' have slightly different forms when used with the counter ~ 살.

 그림을 보고 문장을 완성하세요.
Look at the pictures and complete the sentences.

1.  여동생은 ___몇 살이에요___ ?

　 여동생은 세 살이에요.

2.  클로이는 _____

　 클로이는 여덟 살이에요.

3.  햄스터는 몇 살이에요?

　 햄스터는 _____

4.  거북이는 몇 살이에요?

　 거북이는 _____

큰 소리로 문장을 읽고 연습하세요.
Read the sentences aloud and do a role-play.

1.

2.

3.

보 기

두 살이에요.   열 살이에요.

여덟 살이에요.   한 살이에요.

1. 은서는 몇 살이에요?

   은서는 _____

2. 고양이는 몇 살이에요?

   고양이는 _____

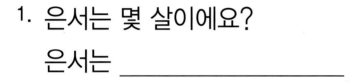

3. 언니는 몇 살이에요?

   언니는 _____

4. 스팟은 몇 살이에요?

   스팟은 _____

측우기 Cheugugi

The Cheugugi(측우기) is a rain gauge to measure the amount of rain. The Cheugugi is the oldest rain gauge in the world. In the early days of the Joseon Dynasty(조선 왕조), there was a system to measure and report a region's rainfall for the sake of agriculture. However this method could not tell the exact rainfall so King Sejong the Great(세종대왕) ordered the Cheugugi to build. It was invented in 1441, during the reign of King Sejong the Great, who invented the Korean alphabet, too. It is a Korean national treasure (Treasure Number 561).

[사진제공_한국관광공사]

 측우기를 만드세요.
Let's make Cheugugi.

준비물: 정육면체 전개도, 나무막대 1개, 페트병, 펜, 가위, 본드
Materials: planar figure of cube, 1 wood stick, pet bottle, pen, scissors, glue

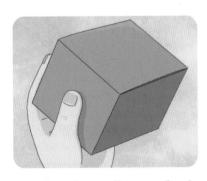

Cut the planar figure of cube and the pet bottle to make a cube.

정육면체 전개도를 잘라 정육면체를 만들어 주고 페트병을 잘라 주세요.

Attach the pet bottle to the upside of cube.

정육면체 위에 페트병을 붙여 주세요.

Check to wood stick each 1cm, and measure rainfall.

나무 막대에 1cm마다 표시를 해주고 비의 양을 측정해 보세요.

엄마하고 이모 집에 갔어요.
이모 집에는 아기가 있었어요.
아기가 참 예뻤어요.
이모 집에서 책을 봤어요.
저녁에 집에 왔어요.
집에서 일기를 썼어요.

낱말 Words

어제
yesterday

영화
movie

일기
diary

저녁
evening

봤어요(보다)
to see

세수했어요(세수하다)
to wash one's face

썼어요(쓰다)
to write

예뻤어요(예쁘다)
to be pretty

왔어요(오다)
to come

잤어요(자다)
to sleep

 ### 그림에 맞는 낱말을 골라 연결하세요.
Draw a line to match the picture with the word.

1.

잤어요

2.

어제

3.

세수했어요

4.

일기

233

낱말을 읽고 쓰세요.
Read the words and write them.

일 기

예 뻤 어 요

썼 어 요

왔 어 요

 그림을 보고 알맞은 글자에 색칠하세요.
Look at the pictures and color the correct syllables to make words.

1. 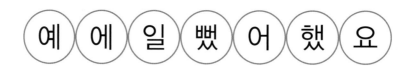 예 에 일 뻤 어 했 요

2. 서 저 통 너 녁 탕

3. 도 썼 서 어 요 실

4. 여 요 화 어 가 제

그림에 맞는 문장을 골라 연결하세요.
Draw a line to match the picture with the sentence.

1.

책을
읽었어요.

2.

이모 집에
갔어요.

3.

일기를
썼어요.

4.

저녁에 집에
왔어요.

5.

아기가 참
예뻤어요.

~았/었/ㅆ어요

생일파티는 좋았어요. The birthday party was good.
아기가 있었어요. There was a baby.
일기를 썼어요. I wrote a diary.

~았/었/ㅆ어요 is the past tense verb ending.
It indicates that the event has already taken place.

 제시된 낱말과 그림을 보고 문장을 만드세요.
Look at the pictures and write the sentences using the words.

1.
   먹다

   브랜든하고 수지가 자장면을 ___먹었어요.___

2.
   자다

   쉬는 시간에 교실에서 잠을 _____

3.
   쓰다

   저녁에 연필로 일기를 _____

4.
   오다

   어제 클로이가 우리 집에 _____

5.
   보다

   식당에서 아기를 _____

큰 소리로 문장을 읽고 연습하세요.
Read the sentences aloud and do a role-play.

1.

 재윤이하고 영화를
봤어요.

2.

 형하고 밥을 먹었어요.
맛있었어요.

3.

 재윤이하고 줄넘기를 했어요.
신났어요.

4.

 저녁에 화장실에서
세수를 했어요.

오늘 뭐 했어요? 그림일기를 쓰세요.
What did you do today? Write a picture diary.

월   일   요일   날씨

제목 〈   〉

노래를 듣고 신나게 따라 부르세요.
Let's sing a song.

뭐 했어요?

뭐 – 했 – 어 요? 말 – 해 보 – 세 요

일 – 어 났 어 요　□에 갔 어 요 공 – 부 했 – 어 요
학교

저 녁 먹 었 어 요　□를 썼 어 요 잠 – 을 잤 – 어 요
일기

Teacher's Note

① 학생들이 배운 낱말과 문장을 노래로 듣고 따라 하며 반복 학습이 되도록 해 주세요.
　(동요 〈Row Row Row Your Boat?〉의 멜로디로 만들어진 노래입니다.)
② 학생들이 오늘 무엇을 했는지 묻고 답해 보며 다양한 표현을 연습하게 해 주세요.

은서는 종이배를 만들었어요.
그리고 브랜든도 종이배를 만들었어요.

수지는 곰을 만들었어요.
그런데 진영이는 공룡을 만들었어요.

클로이는 토끼를 그렸어요.
그런데 재윤이는 자동차를 그렸어요.

재윤

클로이

은서 브랜든 수지 진영

낱말 Words

곰
bear

공룡
dinosaur

우산
umbrella

종이
paper

종이배
paper boat

만들었어요(만들다)
to make

쉬웠어요(쉽다)/어려웠어요(어렵다)
to be easy/to be difficult

그리고
and

그런데
but/by the way

 그림에 맞는 낱말을 골라 연결하고 쓰세요.
Draw a line to match the picture with the word.

1.

종이배

2.

공룡

3.

우산

4.

종이

낱말을 읽고 쓰세요.
Read the words and write them.

곰

만	들	었	어	요

우	산

쉬	웠	어	요

 그림에 맞는 낱말을 찾아 동그라미를 하세요.
Find the words for the pictures and circle them.

보 기

종이

어려웠어요

공룡

종이배

혹	상	어	종	이	배	기
종	우	부	어	창	용	터
수	리	부	려	다	사	기
종	이	바	웠	상	치	소
아	수	종	어	용	터	우
공	이	서	요	공	룡	어

그림에 맞는 문장을 골라 연결하세요.
Draw a line to match the picture with the sentence.

1. 은서는 종이배를 만들었어요.

2. 엄마는 사과를 먹었어요.

3. 재윤이는 일곱 시에 일어났어요.

4. 클로이는 토끼를 그렸어요.

그리고 브랜든도 종이배를 만들었어요.

그런데 아빠는 포도를 먹었어요.

그런데 진영이는 자동차를 그렸어요.

그리고 수지도 일곱 시에 일어났어요.

그리고 / 그런데

은서는 종이배를 만들었어요.
그리고 브랜든도 종이배를 만들었어요.
Eunseo made a paper boat.
And Branden made a paper boat, too.

It is used to connect two related sentences.

수지는 곰을 만들었어요.
그런데 진영이는 공룡을 만들었어요.
Suji made a bear.
But Jinyeong made a dinosaur.

It is used to show contrasting/opposing ideas.

 알맞은 낱말에 동그라미를 하고 문장을 읽으세요.
Circle the correct words and read the sentences aloud.

1.

   수지가 코트를 입었어요.

   (그리고 / 그런데) 은서도 코트를 입었어요.

2.

   언니는 머리가 길었어요.

   (그리고 / 그런데) 여동생은 머리가 짧았어요.

3.

   종이접기는 어려웠어요.

   (그리고 / 그런데) 그림 그리기는 쉬웠어요.

4.

   토끼는 귀여웠어요.

   (그리고 / 그런데) 펭귄도 귀여웠어요.

5.

   비가 왔어요.

   (그리고 / 그런데) 우산이 없었어요.

큰 소리로 문장을 읽고 연습하세요.
Read the sentences aloud and do a role-play.

1.

 무엇을 만들었어요?

 수지는 종이배를 만들었어요.
그리고 종이비행기도 만들었어요.

2.

 무엇을 그렸어요?

 클로이는 돌고래를 그렸어요.
그리고 아기 곰도 그렸어요.

3.

 무엇을 했어요?

 브랜든은 책을 읽었어요.
그런데 은서는 게임을 했어요.

그림에 맞는 문장을 〈보기〉에서 골라 쓰세요.
Look at the pictures and write the correct sentences.

보 기

그런데 우산이 없었어요.　　　　공룡도 만들었어요.

종이비행기도 만들기가 쉬웠어요.　　그런데 매웠어요.

1. 곰을 만들었어요.

　그리고 ＿＿＿＿＿＿＿＿＿＿＿＿＿＿＿＿＿＿

2. 종이배는 만들기가 쉬웠어요.

　그리고 ＿＿＿＿＿＿＿＿＿＿＿＿＿＿＿＿＿＿

3. 비가 왔어요.

＿＿＿＿＿＿＿＿＿＿＿＿＿＿＿＿＿＿＿＿＿＿＿

4. 떡볶이를 먹었어요.

＿＿＿＿＿＿＿＿＿＿＿＿＿＿＿＿＿＿＿＿＿＿＿

몇 개의 낱말을 알고 있나요? 아는 낱말에 ☑표시하고 읽으세요.
How many words do you know? Check if you know the words and read them aloud.

1.

☐ 생일

2.

☐ 금붕어

3.

☐ 고양이

4.

☐ 일기

5.

☐ 세수해요

6.

☐ 종이배

7.

☐ 우산

8.

☐ 적어요

 알맞은 낱말에 동그라미를 하고 문장을 읽으세요.
Circle the correct words and read the sentences aloud.

오늘은 은서 생일이에요.

생일 선물이 (많아요 / 적어요).

은서는 몇 살(이에요 / 예요)?

은서는 여덟 살이에요.

어제는 이모 집에 (먹었어요 / 갔어요).

이모는 종이비행기를

(만났어요 / 만들었어요).

(그리고 / 그런데) 나는 종이배를

만들었어요.

부록 Appendix

본문 스크립트

낱말 목록

1과 안녕하세요? 저는 김수지예요
Hello, My Name Is Suji Kim

안녕하세요?	Hello,
저는 김수지예요.	My name is Suji Kim.
한국 사람이에요. 학생이에요.	I am Korean. I'm a student.
안녕하세요?	Hello,
저는 브랜든이에요.	My name is Branden.
미국 사람이에요. 학생이에요.	I'm American. I'm a student.
만나서 반가워요.	Nice to meet you.

2과 태극기는 한국 국기예요
Taegeukgi Is the National Flag of Korea

수지는 한국 사람이에요.	Suji Is Korean.
태극기는 한국 국기예요.	Taegeukgi is the national flag of Korea.
브랜든은 미국 사람이에요.	Brandon is American.
성조기는 미국 국기예요.	The Star and Spangled banner is the national flag of America.
우리는 친구예요.	We are friends.
스팟은 강아지예요.	Spot is a puppy.

3과 누구예요?
Who Are They?

누구예요?	Who are they?
우리 할아버지, 할머니,	They are my granfather, grandmother,
아빠, 엄마하고 언니예요.	dad, mom and my older sister.
누구예요?	Who are they?
우리 형하고 여동생이에요.	They are my older brother and my younger sister.
누구예요?	Who are they?
우리 누나하고 삼촌이에요.	They are my older sister and my uncle.

4과 이것은 책상이에요
This Is a Desk

뭐예요?	What is this?
공책이에요.	This is a notebook.
이것은 뭐예요?	What is this?
이것은 책상이에요.	This is a desk.
저것은 뭐예요?	What is that?
저것은 칠판이에요.	That is a blackboard.

5과 사과가 아니에요
This Is Not an Apple

책이에요?	Is this a book?
네, 책이에요.	Yes, it is a book.
연필이에요?	Is this a pencil?
아니요, 연필이 아니에요.	No, this is not a pencil.
지우개예요.	It's an eraser.
사과예요?	Is this an apple?
아니요, 사과가 아니에요.	No, this is not an apple.
바나나예요.	It's a banana.

6과 은서는 어디에 가요?
Where Is Eunseo Going?

은서는 어디에 가요?	Where is Eunseo going?
학교에 가요.	She is going to school.
수지는 어디에 가요?	Where is Suji going?
생일 파티에 가요.	She is going to a birthday party.
브랜든은 어디에 가요?	Where is Branden going?
집에 가요.	He is going home.

7과 텔레비전이 어디에 있어요?
Where Is the Television?

침대가 어디에 있어요?	Where is the bed?
방에 있어요.	It's in the room.
텔레비전이 어디에 있어요?	Where is the television?
거실에 있어요.	It's in the living room.
식탁이 어디에 있어요?	Where is the dining table?
부엌에 있어요.	It's in the kitchen.
흰둥이가 어디에 있어요?	Where is Hindungi?
마당에 있어요.	It's in the yard.

8과 스팟은 탁자 아래에 있어요
Spot is under the Table

진영이는 문 앞에 있어요.	Jinyeong is in front of the door.
클로이는 소파 뒤에 있어요.	Chloe is behind the sofa.
흰둥이는 소파 위에 있어요.	Hindungi is on the sofa.
스팟은 탁자 아래에 있어요.	Spot is under the table.
공은 바구니 안에 있어요.	Ball is in the basket.
곰 인형은 바구니 옆 있어요.	The teddy bear is next to the basket.

9과 숫자를 말해요
Let's Say Numbers

숫자를 말해요.	Let's say numbers.
일, 이, 삼, 사, 오,	One, Two, Three, Four, Five,
육, 칠, 팔, 구, 십,	Six, Seven, Eight, Nine, Ten,
십일, 십이, 십삼, 십사, 십오,	Eleven, Twelve, Thirteen, Fourteen, Fifteen,
십육, 십칠, 십팔, 십구, 이십	Sixteen, Seventeen, Eighteen, Nineteen, Twenty

10과 몇 시예요? 일곱 시예요
What Time Is It? It's Seven o'Clock.

몇 시예요?	What time is it?
일곱 시예요.	It's seven o'clock.
재윤이가 일어나요.	Jaeyun gets up.
몇 시예요?	What time is it?
열두 시예요.	It's twelve o'clock.
재윤이가 진영이 하고 놀아요.	Jaeyun plays with Jinyeong.
몇 시예요?	What time is it?
세 시예요.	It's three o'clock.
재윤이가 집에 와요.	Jaeyun comes home.

11과 기분이 어때요? 좋아요
How Are You Feeling? I'm Good

기분이 어때요?	How are you feeling?
좋아요.	Good.
슬퍼요.	Sad.
신나요.	Excited.
화나요.	Angry.
무서워요.	Scary.

12과 눈으로 봐요
I See with My Eyes

나의 몸이에요.	This is my body.
눈으로 봐요.	I see with my eyes.
귀로 들어요.	I hear with my ears.
입으로 먹어요.	I eat with my mouth.
코로 맡아요.	I smell(sniff) with my nose.
손으로 만져요.	I touch with my hands.
발로 차요.	I kick with my feet.

13과 아빠는 갈비를 먹어요
Dad Eats Galbi

우리 가족은 한국 식당에 가요.	Our family goes to the Korean restaurant.
아빠는 갈비를 먹어요.	Dad eats galbi.
엄마는 순두부찌개를 먹어요.	Mom eats sundubu-jjigae.
형은 비빔밥을 먹어요.	My older brother eats bibimbap.
여동생은 만두를 먹어요.	My younger sister eats dumpling.
나는 자장면을 먹어요.	I eat jajangmyeon.
한국 음식은 맛있어요.	Korean food is delicious.

14과 재윤이는 피자를 좋아해요
Jaeyun Likes Pizza

재윤이는 피자를 좋아해요.	Jaeyun likes pizza.
맛이 어때요? 맛있어요.	How does it taste? It's delicious.
브랜든은 버섯을 싫어해요.	Branden doesn't like the mushroom.
맛이 어때요? 맛없어요.	How does it taste? It's not delicious.
진영이는 떡볶이를 좋아해요.	Jinyeong likes tteokbokki.
맛이 어때요? 매워요.	How does it taste? It's spicy.

15과 옷장 안에 양말이 있어요?
Are There Socks in the Closet?

옷장 안에 뭐가 있어요?	What's in the closet?
바지가 있어요.	There are pants in the closet.
옷장 안에 양말이 있어요?	Are there socks in the closet?
네, 양말이 있어요.	Yes, there are socks in the closet.
옷장 안에 한복이 있어요?	Is there a hanbok in the closet?
아니요, 한복이 없어요.	No, there is no hanbok in the closet.

16과 클로이가 보라색 치마를 입어요
Chloe Puts on the Puple Skirt

클로이가 보라색 치마를 입어요.	Chloe puts on the purple skirt.
브랜든이 초록색 조끼를 벗어요.	Branden takes off the green vest.
은서가 빨간색 모자를 써요.	Eunseo puts on the red hat.
재윤이가 파란색 모자를 벗어요.	Jaeyun takes off the blue hat.
수지가 주황색 신발을 신어요.	Suji puts on the orange shoes.
진영이가 노란색 신발을 벗어요.	Jinyeong takes off the yellow shoes.

17과 공책이 세 권 있어요
There Are Three Notebooks

우리 도서실이에요. — This is our library.

컴퓨터가 한 대 있어요. — There is one computer.
사과가 두 개 있어요. — There are two apples.
공책이 세 권 있어요. — There are three notebooks.
연필이 네 자루 있어요. — There are four pencils.
꽃이 다섯 송이 있어요. — There are five flowers.
학생이 여섯 명 있어요. — There are six students.

18과 물고기가 있어요?
Do You Have Fish?

물고기가 있어요? — Do you have fish?
네, 있어요. — Yes, I do.
몇 마리 있어요? — How many fish do you have?
두 마리 있어요. — I have two fish.

자전거가 있어요? — Do you have a bicycle?
네 있어요. — Yes, I do.
몇 대 있어요? — How many bicycles do you have?
세 대 있어요. — I have three bicycles.

농구공이 있어요? — Do you have a basketball?
아니요, 없어요. — No, I don't have a basketball.

19과 누가 공부해요?
Who Is Studying?

우리 교실이에요. — This is our classroom.

누가 공부해요? 재윤이가 공부해요. — Who is studying? Jaeyun is studying.

누가 노래해요? 클로이가 노래해요. — Who is singing? Chloe is singing.

누가 울어요? 브랜든이 울어요 — Who is crying? Branden is crying.

20과 아기 오리도 있어요
There Is a Baby Duck, Too

공원이에요. — This is a park.

엄마오리가 있어요. — There is a mother duck.
아기 오리도 있어요. — There is a baby duck, too.

브랜든이 자전거를 타요. — Branden rides a bicycle.
재윤이도 자전거를 타요. — Jaeyun rides a bicycle, too.

수지가 공놀이를 해요. — Suji plays with a ball.
클로이도 공놀이를 해요. — Chloe plays with a ball, too.

21과 진영이는 놀이터에서 그네를 타요
Jinyeong Swings on a Swing in the palyground

진영이는 놀이터에서 그네를 타요. — Jinyeong swings in a swing in the playground.

은서는 놀이터에서 미끄럼틀을 타요. — Eunseo slides down a slide in the playground.

브랜든하고 수지는 놀이터에서 줄넘기를 해요. — Branden and Suji play jump rope in the playground.

22과 재윤이는 낮잠을 쿨쿨 자요
Jaeyun Takes a Nap, Zzz

쉬는시간이에요. — It's a recess time.

은서는 사과를 먹어요. — Eunseo eats an apple.
사과를 냠냠 먹어요. — She eats an apple yum-yum.

재윤이는 낮잠을 자요. — Jaeyun takes a nap.
낮잠을 쿨쿨 자요. — He takes a nap zzz.

클로이는 숨바꼭질을 해요. — Chloe plays a hide-and-seek.
진영이가 살금살금 숨어요. — Jinyeong hides tiptoe-tiptoe.

새가 짹짹 노래해요. — A bird sings twit-twit.

23과 기린은 목이 길어요
The Giraffe Has a Long Neck

동물원이에요. — This is a zoo.

기린은 목이 길어요. — The giraffe has a long neck.
거북이는 목이 짧아요. — The turtle has a short neck.

코끼리는 몸이 커요. — The elephant has a big body.
다람쥐는 몸이 작아요. — The squirrel has a small body.

하마는 입이 커요. — The hippo has a big mouth.
원숭이는 꼬리가 길어요. — The monkey has a long tail.

24과 코끼리가 물을 마셔요
The Elephant Drinks Water

동물들이 뭐해요? — What do the animals do?

원숭이가 바나나를 먹어요. — The monkey eats a banana.
코끼리가 물을 마셔요. — The elephant drinks water.

악어가 하품을 해요. — The crocodile yawns.
사자가 잠을 자요 — The lion sleeps.

펭귄이 춤을 춰요 — The penguin dances.
돌고래가 노래를 해요. — The dolphin sings.

25과 날씨가 어때요? 맑아요
How Is the Weather? It's Sunny

날씨가 어때요?	How is the weather?
맑아요.	It's sunny.
날씨가 어때요?	How is the weather?
바람이 불어요.	It's a windy.
날씨가 어때요?	How is the weather?
비가 와요.	It's rainy.
날씨가 어때요?	How is the weather?
눈이 와요.	It's snowy.

26과 어떤 계절이 좋아요?
What's Your Favorite Season?

어떤 계절이 좋아요?	What's your favorite season?
봄이 좋아요. 봄은 따뜻해요.	I like spring. Spring is warm.
어떤 계절이 좋아요?	What's your favorite season?
여름이 좋아요. 여름은 더워요.	I like summer. Summer is hot.
어떤 계절이 좋아요?	What's your favorite season?
가을이 좋아요. 가을은 시원해요.	I like fall. Fall is cool.
어떤 계절이 좋아요?	What's your favorite season?
겨울이 좋아요. 겨울은 추워요	I like winter. Winter is cold.

27과 생일이 언제예요?
When Is Your Birthday?

오늘은 은서 생일이에요.	Today is Eunseo's birthday.
선물이 많아요.	There are many presents.
진영이는 생일이 언제예요?	When is Jinyeong's birthday?
7월 4일이에요.	It is July 4th.
클로이는 생일이 언제예요?	When is Chloe's birthday?
6월 25일이에요.	It's June 25th.
은서가 촛불을 꺼요.	Eunseo blows out the candles.
친구들이 생일 축하 노래를 불러요.	Her friends sing the happy birthday song.

28과 몇 살이에요?
How Old Are You?

동물 친구들이 많아요.	I have many animal friends(many pets).
금붕어는 몇 살이에요?	How old is the gold fish?
금붕어는 한 살이에요.	The gold fish is one year old.
햄스터는 몇 살이에요?	How old is the hamster?
햄스터는 두 살이에요.	The hamster is two years old.
앵무새는 몇 살이에요?	How old is the parrot?
앵무새는 세 살이에요.	The parrot is three years old.
거북이는 몇 살이에요?	How old is the turtle?
거북이는 다섯 살이에요.	The turtle is five years old.

29과 일기를 썼어요
I Wrote a Diary

엄마하고 이모 집에 갔어요.	I went to my aunt's house with my mom.
이모 집에 아기가 있었어요.	There was a baby at my aunt's house.
아기가 참 예뻤어요.	The baby was very cute.
이모 집에서 책을 봤어요.	I read a book at my aunt's house.
저녁에 집에 왔어요.	I came back home in the evening.
집에서 일기를 썼어요.	I wrote a diary at home.

30과 그리고 브랜든도 종이배를 만들었어요
And Branden Made a Paper Boat, Too

은서는 종이배를 만들었어요.	Eunseo made a paper boat.
그리고 브랜든도 종이배를 만들었어요.	And Branden made a paper boat, too.
수지는 곰을 만들었어요.	Suji made a bear.
그런데 진영이는 공룡을 만들었어요	But Jinyeong made a dinosaur.
클로이는 토끼를 그렸어요.	Chloe drew a rabbit.
그런데 재윤이는 자동차를 그렸어요.	But Jaeyun drew a car.

낱말 목록 Word List

📖 가나다순

1/일/하나	one
10/십/열	ten
100/백	a hundred
1000/천	a thousand
11/십일/열하나	eleven
12/십이/열둘	twelve
13/십삼	thirteen
14/십사	fourteen
15/십오	fifteen
16/십육	sixteen
17/십칠	seventeen
18/십팔	eighteen
19/십구	nineteen
2/이/둘	two
20/이십	twenty
3/삼/셋	three
4/사/넷	four
5/오/다섯	five
6/육/여섯	six
7/칠/일곱	seven
8/팔/여덟	eight
9/구/아홉	nine
가다	to go
가위	scissors
가을	fall
갈비	galbi
강아지	puppy
거북이	turtle
거실	living room
거울	mirror
검은색	black
겨울	winter
계절	season
고양이	cat
곰	bear

곰 인형	teddy bear
공	ball
공놀이	ball game
공룡	dinosaur
공부하다	to study
공원	park
공책	notebook
교실	classroom
구름	cloud
귀	ear
그네	swing
그런데	but, by the way
그리고	and
그리다	to draw
금붕어	gold fish
기린	giraffe
기분	feeling
길다	to be long
꼬리	tail
꽃	flower
끄다	to put out
나	me
나무	tree
나뭇잎	leaf
나비	butterfly
나이	age
날씨	weather
남동생	younger brother
낮잠	nap
냠냠	yum-yum
노란색	yellow
노래하다	to sing
놀다	to play
놀이터	playground
농구공	basketball

	눈	eye
	눈	snow
	다람쥐	squirrel
	다리	leg
	달다	to be sweet
	덥다	to be hot
	도마뱀	lizard
	도서실	library
	돌고래	dolphin
	동물	animal
	동물원	zoo
	뒤	behind
	듣다	to hear
	따뜻하다	to be warm
	떡볶이	tteokbokki
	마당	yard
	마시다	to drink
	만두	dumpling
	만들다	to make
	만지다	to touch
	많다	to be many
	말	horse
	말하다	to speak
	맑다	to be sunny, clear
	맛없다	not tasty, not delicious
	맛있다	delicious
	맡다	to smell
	맵다	to be spicy
	머리	head
	먹다	to eat
	모자	hat
	목	neck
	목도리	muffler
	몸	body
	무섭다	to be scary

	문	door
	물	water
	물고기	fish
	미국 사람	American
	미끄럼틀	slide
	바구니	basket
	바나나	banana
	바람	wind
	바지	pants
	밖	out
	발	foot
	방	room
	버섯	mushroom
	벗다	to take off
	보다	to see
	보라색	purple
	봄	spring
	부르다	to sing
	부엌	kitchen
	불다	to blow
	비	rain
	비빔밥	bibimbap
	비행기	airplane
	빨간색	red
	빵	bread
	사과	apple
	사자	lion
	사탕	candy
	살금살금	walk noiselessly
	삼촌	uncle
	새	bird
	생일	birthday
	생일 파티	birthday party
	선물	present
	선생님	teacher

성조기	The Star-Spangled Banner
세수하다	to wash one's face
셔츠	shirt
소파	sofa
손	hand
숙제하다	to do homework
순두부찌개	sundubu-jjigae
숨다	to hide
숨바꼭질	hide-and-seek
숫자	number
쉬는 시간	recess time
쉽다	to be easy
스케이트	skate
슬프다	to be sad
시계	clock
시소	seesaw
시원하다	to be cool
식당	restaurant
식탁	table
신나다	to be excited
신다	to put on
신발	shoes
싫어하다	to dislike
쓰다	to put on
쓰다	to write
아기	baby
아래	under, beneath
아빠	dad
아프다	to be sick
악어	crocodile
안	in
안녕하세요	hello
앞	front
앵무새	parrot

양말	socks
어렵다	to be difficult
어제	yesterday
언니(누나)	older sister
엄마	mom
없다	there is not, don't have
여동생	younger sister
여름	summer
연필	pencil
영화	movie
옆	side, next
예쁘다	to be pretty
오늘	today
오다	to come
오리	duck
오빠(형)	older brother
옷장	closet
우산	umbrella
운동장	school yard
운동하다	to exercise
운동화	sneakers
울다	to cry
웃다	to laugh
원숭이	monkey
위	on, above
음식	food
의자	chair
이것	this
이름	name
이모	aunt
일기	diary
일어나다	to wake up
읽다	to read
입	mouth
입다	to put on

	있다	there is, have
ㅈ	자다	to sleep
	자동차	car
	자장면	jajangmyeon
	자전거	bike
	작다	to be small
	저것	that
	저녁	evening
	적다	to be few
	전화기	telephone
	전화번호	phone number
	조끼	vest
	졸리다	to be sleepy
	종이	paper
	종이배	paper boat
	좋다	to be good
	좋아하다	to like
	주황색	orange
	줄넘기	jumping rope
	지우개	eraser
	집	home
	짜다	to be salty
	짧다	to be short
	짹짹	twit-twit
ㅊ	차다	to kick
	책	book
	책상	desk
	체육관	gymnasium
	초대하다	to invite
	초록색	green
	촛불	candlelight
	축구공	soccer ball
	축하하다	to congratulate
	춤추다	to dance
	춥다	to be cold

	치마	skirt
	친구	friend
	칠판	blackboard
	침대	bed
ㅋ	컴퓨터	computer
	코	nose
	코끼리	elephant
	쿨쿨	zzz
	크다	to be big
ㅌ	타다	to ride
	탁자	table
	태극기	Taegeukgi
	텔레비전	television
	토끼	rabbit
ㅍ	파란색	blue
	팔	arm
	펭귄	penguin
	포도	grape
	피자	pizza
ㅎ	하마	hippo
	하품하다	to yawn
	학교	school
	학생	student
	한국 사람	Korean
	한복	hanbok
	할머니	grandmother
	할아버지	grandfather
	해	sun
	햄스터	hamster
	호랑이	tiger
	화나다	to be angry
	흐리다	to be cloudy
	흰색	white

📖 알파벳순

A
a hundred	100/백
a thousand	1000/천
age	나이
airplane	비행기
American	미국 사람
and	그리고
animal	동물
apple	사과
arm	팔
aunt	이모

B
baby	아기
ball	공
ball game	공놀이
banana	바나나
basket	바구니
basketball	농구공
bear	곰
bed	침대
behind	뒤
bibimbap	비빔밥
bike	자전거
bird	새
birthday	생일
birthday party	생일 파티
black	검은색
blackboard	칠판
blue	파란색
body	몸
book	책
bread	빵
but, by the way	그런데
butterfly	나비

C
candlelight	촛불
candy	사탕
car	자동차
cat	고양이
chair	의자
classroom	교실
clock	시계
closet	옷장
cloud	구름
computer	컴퓨터
crocodile	악어

D
dad	아빠
delicious	맛있다
desk	책상
diary	일기
dinosaur	공룡
dolphin	돌고래
door	문
duck	오리
dumpling	만두

E
ear	귀
eight	8/팔/여덟
eighteen	18/십팔
elephant	코끼리
eleven	11/십일/열하나
eraser	지우개
evening	저녁
eye	눈

F
fall	가을
feeling	기분
fifteen	15/십오
fish	물고기
five	5/오/다섯
flower	꽃
food	음식
foot	발
four	4/사/넷
fourteen	14/십사

friend	친구	mouth	입
front	앞	movie	영화
G galbi	갈비	muffler	목도리
giraffe	기린	mushroom	버섯
gold fish	금붕어	**N** name	이름
grandfather	할아버지	nap	낮잠
grandmother	할머니	neck	목
grape	포도	nine	9/구/아홉
green	초록색	nineteen	19/십구
gymnasium	체육관	nose	코
H hamster	햄스터	not tasty, not delicious	맛없다
hanbok	한복	notebook	공책
hand	손	number	숫자
hat	모자	**O** older brother	오빠(형)
head	머리	older sister	언니(누나)
hello	안녕하세요	on, above	위
hide-and-seek	숨바꼭질	one	1/일/하나
hippo	하마	orange	주황색
horse	말	out	밖
home	집	**P** pants	바지
I in	안	paper	종이
J jajangmyeon	자장면	paper boat	종이배
jumping rope	줄넘기	park	공원
K kitchen	부엌	parrot	앵무새
Korean	한국 사람	pencil	연필
L leaf	나뭇잎	penguin	펭귄
leg	다리	phone number	전화번호
library	도서실	pizza	피자
lion	사자	playground	놀이터
living room	거실	present	선물
lizard	도마뱀	puppy	강아지
M me	나	purple	보라색
mirror	거울	**R** rabbit	토끼
mom	엄마	rain	비
monkey	원숭이	recess time	쉬는 시간

red	빨간색	tail	꼬리
restaurant	식당	teacher	선생님
room	방	teddy bear	곰 인형
school	학교	telephone	전화기
school yard	운동장	television	텔레비전
scissors	가위	ten	10/십/열
season	계절	that	저것
seesaw	시소	there is not, don't have	없다
seven	7/칠/일곱	there is, have	있다
seventeen	17/십칠	thirteen	13/십삼
shirt	셔츠	this	이것
shoes	신발	three	3/삼/셋
side, next	옆	tiger	호랑이
six	6/육/여섯	to be angry	화나다
sixteen	16/십육	to be big	크다
skate	스케이트	to be cloudy	흐리다
skirt	치마	to be cold	춥다
slide	미끄럼틀	to be cool	시원하다
sneakers	운동화	to be difficult	어렵다
snow	눈	to be easy	쉽다
soccer ball	축구공	to be few	적다
socks	양말	to be excited	신나다
sofa	소파	to be good	좋다
sundubu-jjigae	순두부찌개	to be hot	덥다
spring	봄	to be long	길다
squirrel	다람쥐	to be many	많다
Star-Spangled Banner, the	성조기	to be pretty	예쁘다
		to be sad	슬프다
student	학생	to be salty	짜다
summer	여름	to be scary	무섭다
sun	해	to be short	짧다
sweet	달다	to be sick	아프다
swing	그네	to be sleepy	졸리다
table	식탁/탁자	to be small	작다
Taegeukgi	태극기	to be spicy	맵다

to be sunny or clear	맑다	to write	쓰다
to be warm	따뜻하다	to yawn	하품하다
to blow	불다	today	오늘
to come	오다	tree	나무
to congratulate	축하하다	tteokbokki	떡볶이
to cry	울다	turtle	거북이
to dance	싫어하다	twelve	12/십이/열둘
to dislike	춤추다	twenty	20/이십
to do homework	숙제하다	twit-twit	짹짹
to draw	그리다	two	2/이/둘
to drink	마시다	umbrella	우산
to eat	먹다	uncle	삼촌
to exercise	운동하다	under, beneath	아래
to go	가다	vest	조끼
to hear	듣다	walk noiselessly	살금살금
to hide	숨다	water	물
to invite	초대하다	weather	날씨
to kick	차다	white	흰색
to like	좋아하다	wind	바람
to make	만들다	winter	겨울
to play	놀다	yard	마당
to put on	신다/쓰다/입다	yellow	노란색
to put out	끄다	yesterday	어제
to read	읽다	younger brother	남동생
to ride	타다	younger sister	여동생
to see	보다	yum-yum	냠냠
to sing	노래하다/부르다	zoo	동물원
to sleep	자다	zzz	쿨쿨
to smell	맡다		
to speak	말하다		
to study	공부하다		
to take off	벗다		
to touch	만지다		
to wake up	일어나다		
to wash one's face	세수하다		